Nordic Kitchens

INTRODUCTION

北欧でいちばん最初に訪れた国、スウェーデン。
それからデンマーク、フィンランドと旅するなかで
たくさんのアーティストたちの暮らしを訪ねてきました。
素敵なアーティストたちとの出会いとともに、
デザイン好き、そして食いしん坊のわたしたちにとって
こころに色濃く残っているのが、キッチンでの発見です。

たとえば、食べ物のパッケージの新鮮なデザイン。
パンづくりのための引き出しが、調理台にあること。
ていねいに淹れた、濃いコーヒーの香りとおいしさ。
プリントやデザインが魅力的な食器にテキスタイル。
ちいさな手仕事が、キッチンをあたたかくすること。

キッチンは、毎日の暮らしに欠かせない空間。
おいしいお料理を作るだけでなく、そのぬくもりに
家族や友だち、愛する人たちが集まってくる場所。
だからこそ、北欧アーティストたちの日々の暮らしぶりが
よりあざやかに、わたしたちに伝わってくるのです。

ジュウ・ドゥ・ポゥム

Aija Rouhiainen & Väne Väisänen

CONTENTS

FINLAND
素敵なコレクションの並ぶキッチン············6
Aino Kannisto & Fabien Blot

FINLAND
黒＆白のグラフィカルなキッチン············14
Susanna & Jussi Vento

SWEDEN
木のぬくもりに包まれたキッチン············20
Karin Jönsson & Mattias Tegnér

DENMARK
ミニマムなデザインが光るキッチン············26
Ditte Rode & Thomas Ryborg

FINLAND
スウィートな色使いのキッチン············32
Mari Relander

SWEDEN
モノトーンの草原が広がるキッチン············38
Malin Grundström & Axel Isberg

DENMARK
明るい光あふれるオープン・キッチン············44
Anne Black & Jesper Moseholm-Jørgensen

SWEDEN
カップがずらり、コレクターのキッチン············50
Linda Karlsson

FINLAND
アートを感じる、クールなキッチン············56
Laura Väinölä & Pekka Toivonen

SWEDEN
個性的なデザインが集まるキッチン ……………… 62
Karin Södergren

FINLAND
古いものを大切に使い続けるキッチン ……………… 68
Katja Saarela & Erkki Mikkonen

DENMARK
ジューシー・カラーが踊るキッチン ……………… 76
Maria Munkholm

FINLAND
プロ仕様のシンプル・キッチン ……………… 84
Vera Öller

SWEDEN
ちいさなハンドメイドのあるキッチン ……………… 90
Katarina Evans

DENMARK
積み木みたいな手づくりミニキッチン ……………… 96
Sofie Hannibal & Morten Køie

DENMARK
マリンカラーのさわやかキッチン ……………… 102
Anne Nowak & Martin Daugaard

SWEDEN
北欧セラミックの魅力が詰まったキッチン ……………… 108
Anna-Ella Ahnlund & Åsa-Karin Karlén

DENMARK
スーパー・モダンな空飛ぶキッチン ……………… 114
Stine & Niels Holscher

FINLAND
アイデアあふれるレトロ・キッチン ……………… 120
Aija Rouhiainen & Väne Väisänen

素敵なコレクションの並ぶキッチン
Aino Kannisto & Fabien Blot

FINLAND

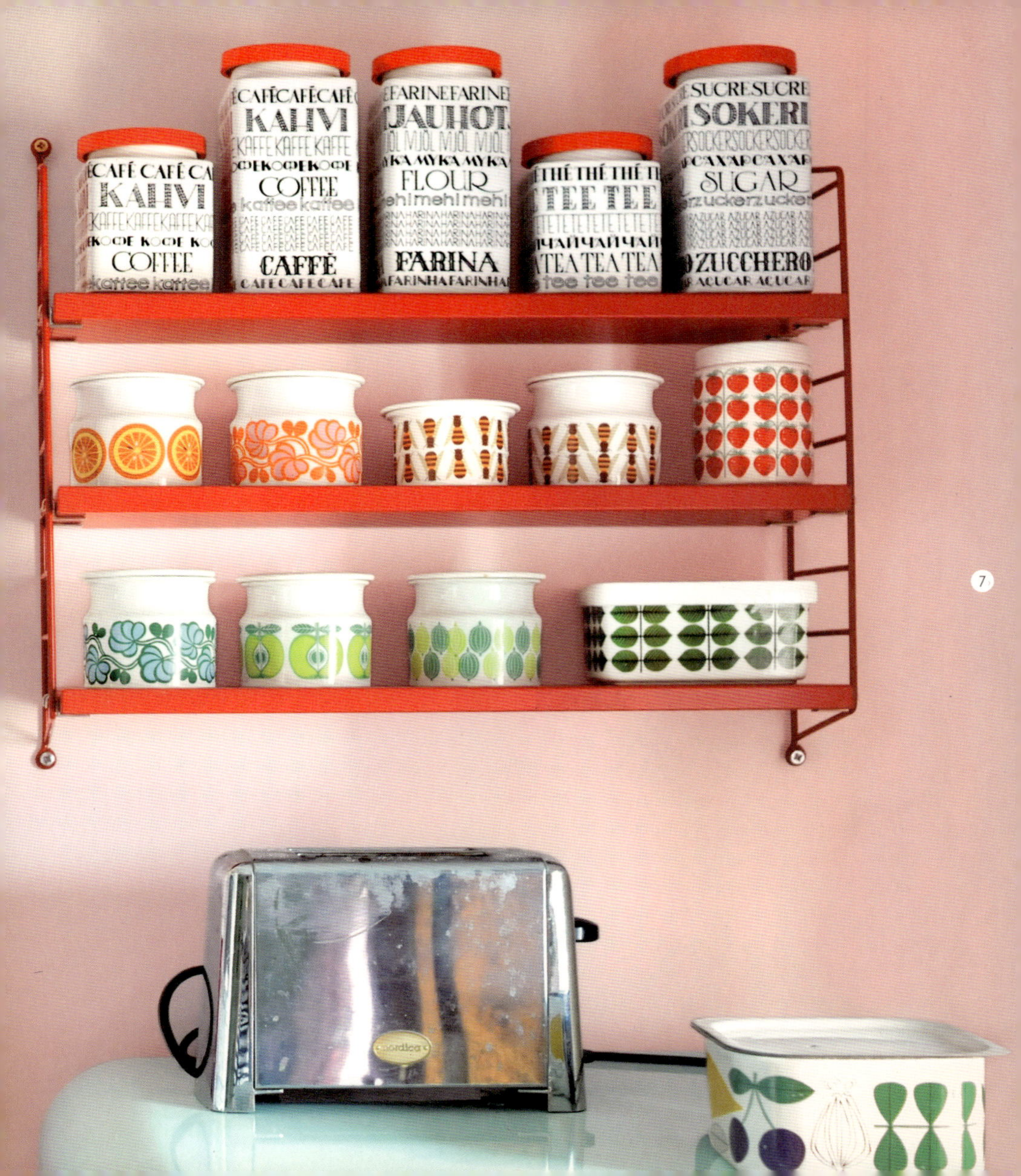
KAHVI
COFFEE
KAHVI
COFFEE
CAFFÈ
JAUHOT
FLOUR
FARINA
TEE TEE
SOKERI
SUGAR
ZUCCHERO

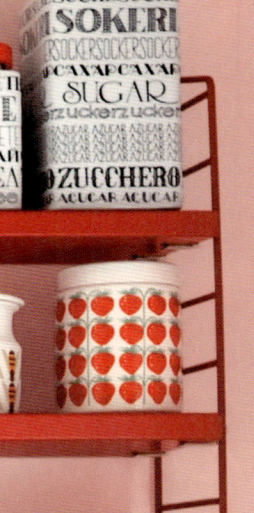

↑調理台前のバーに並べるキッチンツールは、水色に統一して

どのキャラクターにする?と選ぶのが楽しいアラビア社のムーミン・マグ↓

↑さまざまな形の鏡を集めた、楽しい壁面ディスプレイ

マリボウルに入れた、ムーミンのミニ・ビスケット↓

グンバル・ウリン＝グランクヴィストがデザインした↑
子ども用食器セット

Aino Kannisto & Fabien Blot
photographer & architect, artist

食器棚の中には、50～60年代のアラビア社の陶器がずらり。のみの市がインスピレーションソースという写真家のアイノさんと、建築家でアーティストのファビアンさんのキッチンは、コレクション・アイテムを使ったディスプレイが素敵です。壁面のやわらかな色あいも、ヴィンテージ・デザインとよくあいます。

コレクションしている、アラビア社のキャニスターをディスプレイ

お茶はトレイにまとめて、好きなフレーバーのティーバッグを取り出しやすく

さくら型のガーランドライトを、ガラス器のうしろに

黒&白のグラフィカルなキッチン

Susanna & Jussi Vento

FINLAND

↑ミルク粥が包まれたライ麦生地のカレリアパイは、フィンランドの定番スナック

マリメッコ社「ブ・ブー」のスタイも、ベースが黒のものを↙

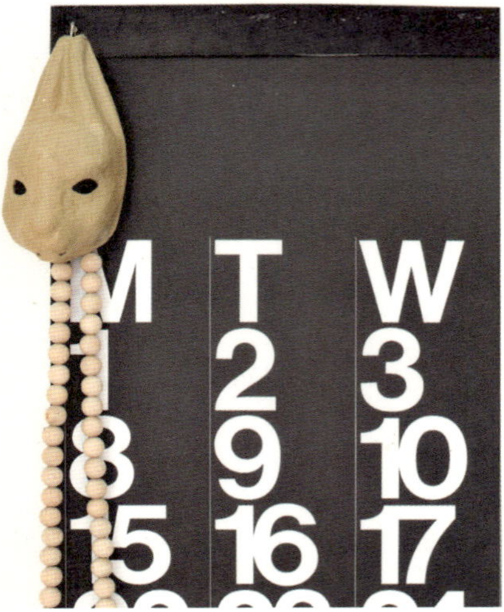

ペイントされる前のうさぎのお面をディスプレイに↑

Susanna & Jussi Vento
interior architect, stylist & artist, graphic designer

インテリアデザイナーでスタイリストのスザンナさんと、アーティストでグラフィックデザイナーのユッシさん。天井から床まで輝くような白にペイントされたキッチンは、リズミカルに使われた黒が印象的。スタイリッシュな空間に手織りのキリム・ラグや、自分たちでカスタマイズした家具で、手のぬくもりを添えています。

ストライプ柄のカーペットの上に
キリム・ラグを重ねてコーディネート

古いイスは全体を白くペイントしたあと
脚先だけ青くしてアクセントに

木のスプーンに毛糸を巻きつけただけという、簡単デコ・アイデア

木のぬくもりに包まれたキッチン

Karin Jönsson & Mattias Tegnér

SWEDEN

↑キッチンツールと一緒に、カラフルな手編みスポンジを飾って

ペーパーナプキンではなく
刺しゅう入りクロスでのおもてなしが新鮮↓

オープンシェルフでは素材別に収納↖
ここはガラス器のコーナー

Karin Jönsson &
Mattias Tegnér
graphic designer & musician

ナチュラルな魅力あふれるキッチンは、グラフィックデザイナーのカリンさんとミュージシャンのマティアスさんが、水道の配管からすべて自分たちでリフォームした空間。ダイニング・コーナーの壁面に取り入れたクルミ色と、木製の家具があたたかみを添えます。お鍋やキャニスターなど、赤い雑貨がいいアクセントに!

ティモ・サルパネヴァがデザインしたキャセロール鍋

家具職人だったおじいさまが作った木のお皿

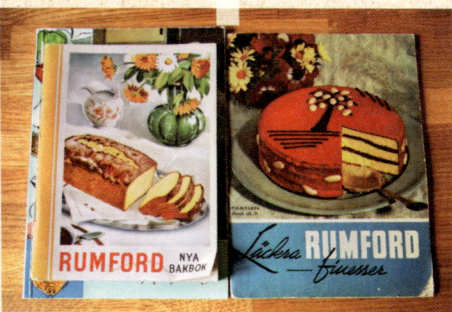

イラストやデザインが素敵なヴィンテージのレシピ本

ミニマムなデザインが光るキッチン
Ditte Rode & Thomas Ryborg　　DENMARK

↑ バウハウス出身の建築家ウィルヘルム・ワーゲンフェルトによる、ガラスのキャニスター

イタリアのフラボスク社のカプチーノ・クリーマー↓

鳥をモチーフにしたランプは、インゴ・マウラーのデザイン↖

Ditte Rode & Thomas Ryborg
architects

アパルトマンの中でリフォームした唯一の場所が、キッチンというディッテさんとトーマスさん。ミニマムな中に必要な機能をすべておさめた、建築家カップルらしい空間です。キャニスターや調味料入れなどのキッチンツールも、本当に好きなものだけを並べて。デザインへのピュアな思いが、美しさを引き立たせます。

シンクの前に、バウハウスのポスターを飾って

窓辺に鉢を並べて、小さなキッチンガーデンに

コレクションしているクロニーデン社の60年代の調味料入れ

スウィートな色使いのキッチン

Mari Relander

FINLAND

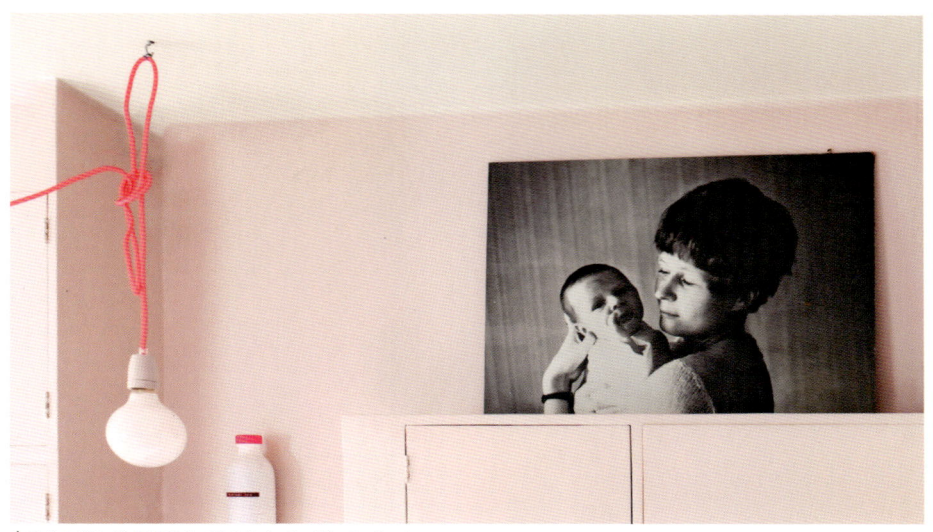

↑家族の思い出の写真をパネルにして、ディスプレイ

イッタラ社の脚付きグラスで、お水もちょっぴり特別な気分↙

ガラス・マグをスタッキングして、繊細な色あいを楽しんで↖

Mari Relander
interior architect

インテリアデザイナーのマリさんのキッチンは、色あわせがきれい。引っ越してきたときに、調理台は新しいものに入れ替えましたが、その上の収納はもともとあった棚をペイントし直すことに。パールグレーに、ベビーピンクやラベンダー、マリさんの好きな色を自由に重ねていくうちに、ロマンティックな空間になりました。

マトリョーシカ型の計量カップで
お料理を楽しく

レースがあしらわれたランプシェードは、
マリさんとお友だちのコラボレーション・デザイン

蛍光ピンクのコードが、空間のアクセント

アクリル毛糸で手編みした、食器洗い用のスポンジ

モノトーンの草原が広がるキッチン

Malin Grundström & Axel Isberg

SWEDEN

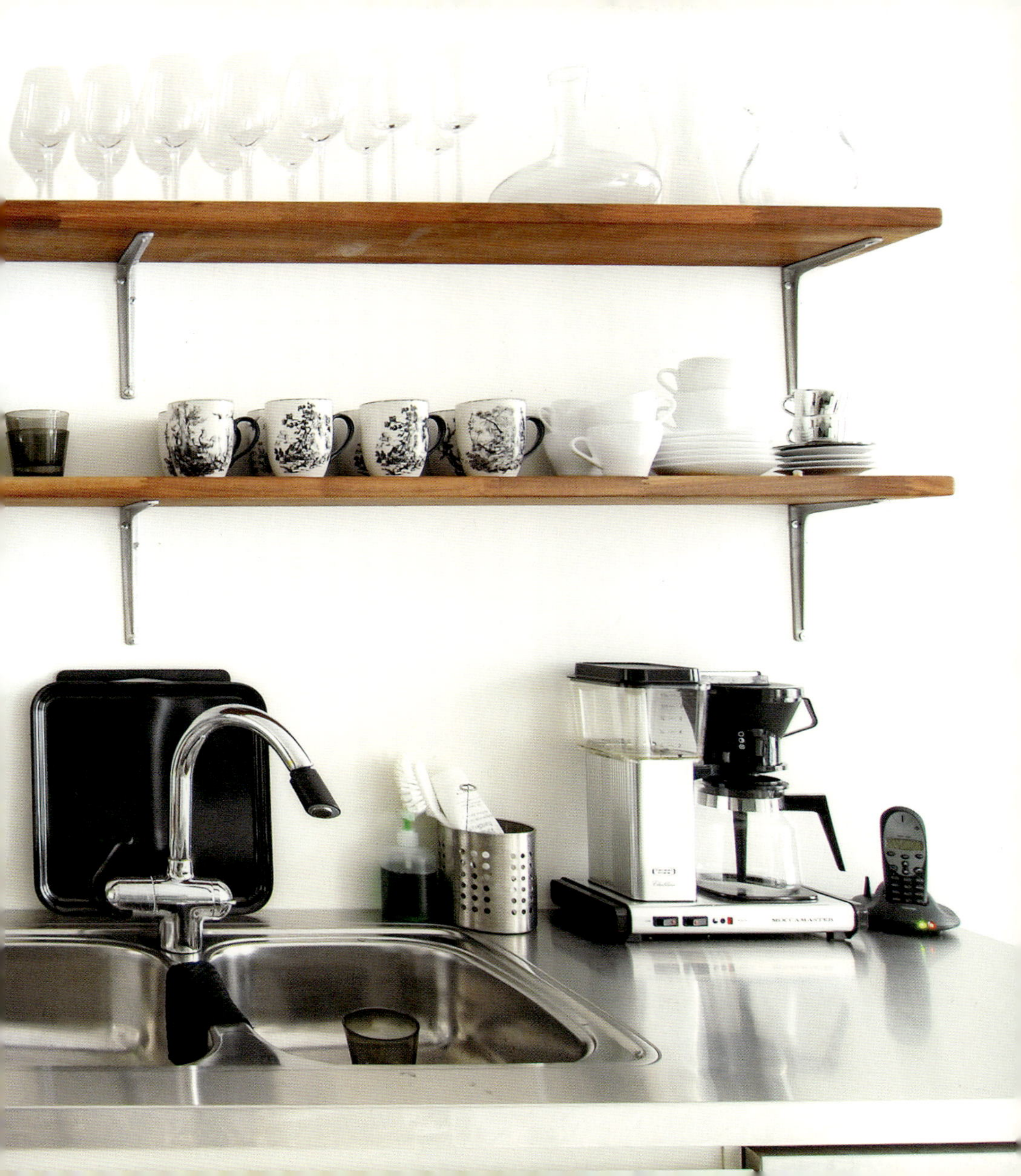
MOCCAMASTER

アクセルさんがアムステルダムから持ち帰った
クラシックなイラスト入りマグ

イギリスのコール&ソン社の壁紙を貼って

食材の色がきれいに見える、モノトーンのキッチン

北欧の伝統的なお料理によく使われる赤ビーツ

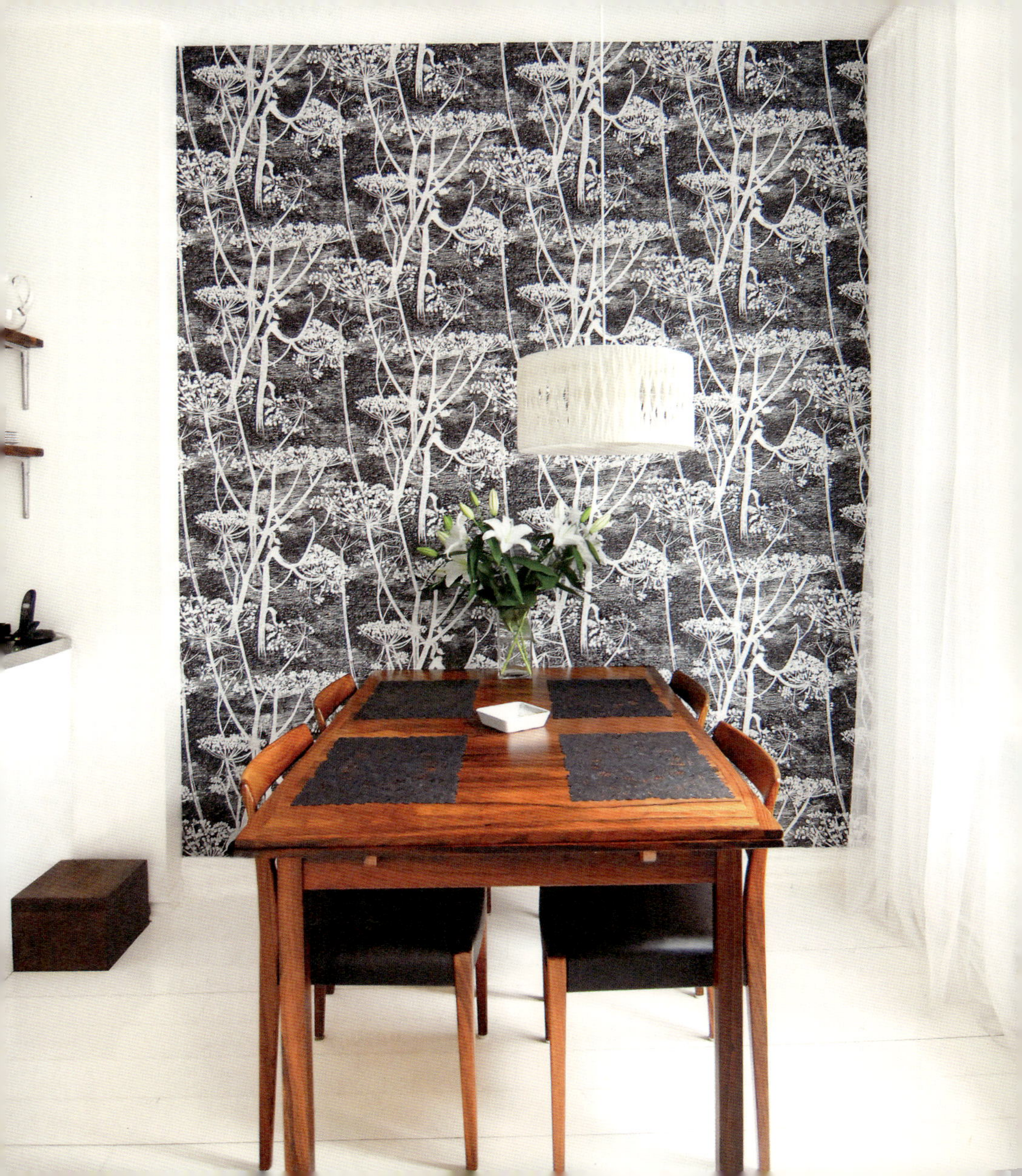

Malin Grundström & Axel Isberg
graphic designer & art director

> グラフィックデザイナーのマリンさんとアートディレクターのアクセルさんのキッチンは、調理台とシンクを並列にレイアウト。ふたりで一緒にお料理できる、ゆったりスペースです。キッチン隣のダイニングは、壁紙で雰囲気を変えて。カウ・パセリという香草をモノトーンで描いた、シックなデザインを選びました。

デコラティブなデザインのマリボウルも
グレーでシックに

シンプルなインテリアに、いきいきとしたフルーツが色をそえます

ライヤ・ウオシッキネンによるイラストがかわいいスクエアプレート

明るい光あふれるオープン・キッチン

Anne Black & Jesper Moseholm-Jørgensen

DENMARK

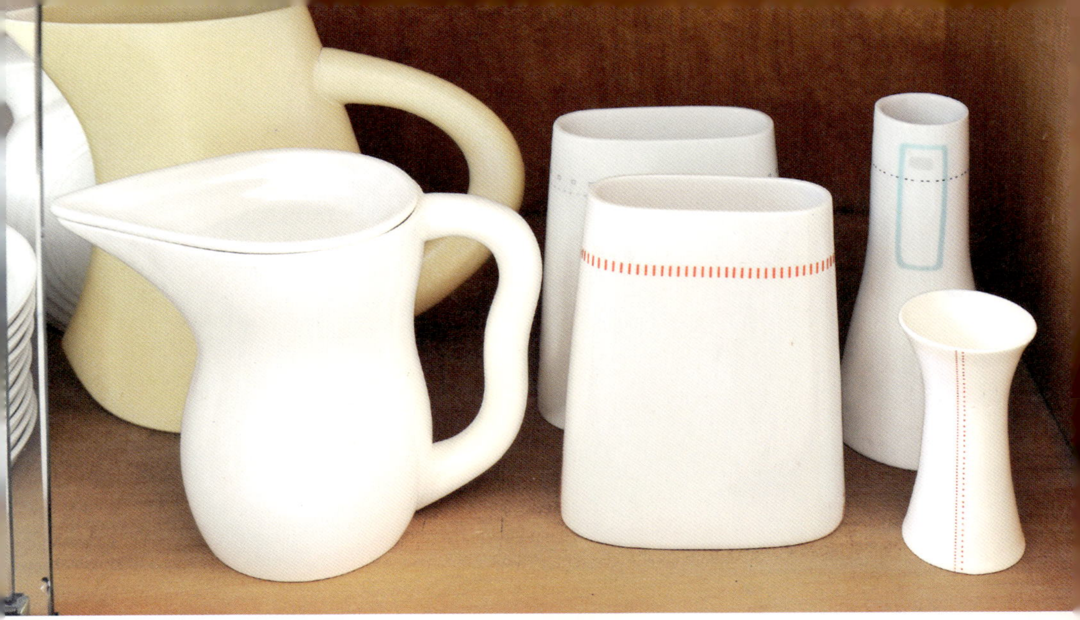

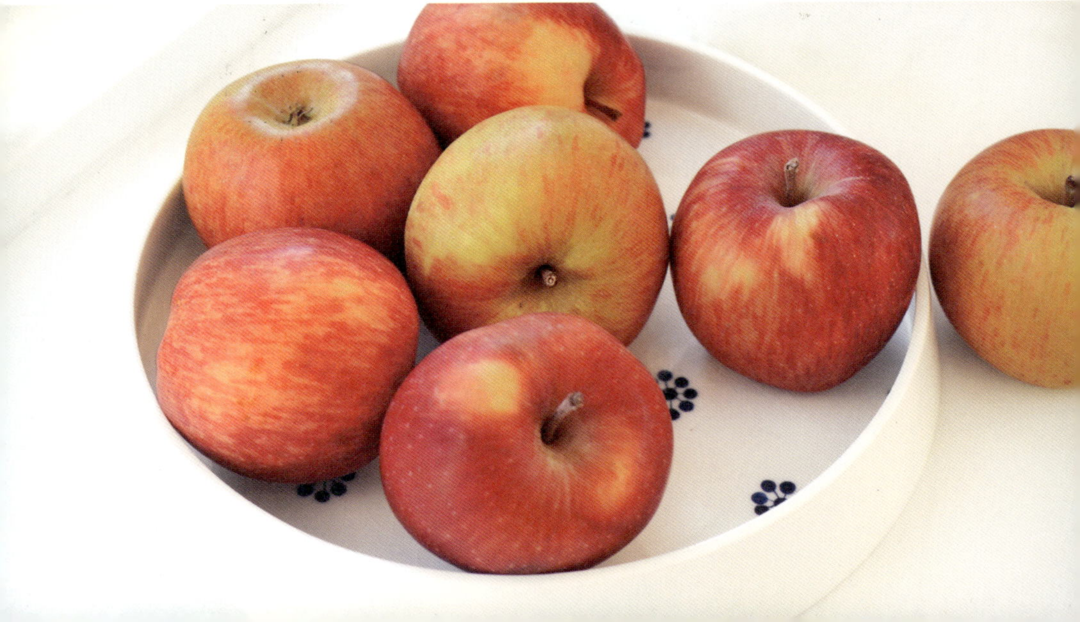

↓ ヴィンテージのはかりが、いまも現役で活躍中

ひきだしの取手もアンヌさんのセラミック作品
色をミックスして楽しく ↓

↑ 家族が集まるテーブルのそばには
イェスパさんがアンヌさんのために描いた作品

キッチンクロスは、アンヌさん作の陶製フックに ↖

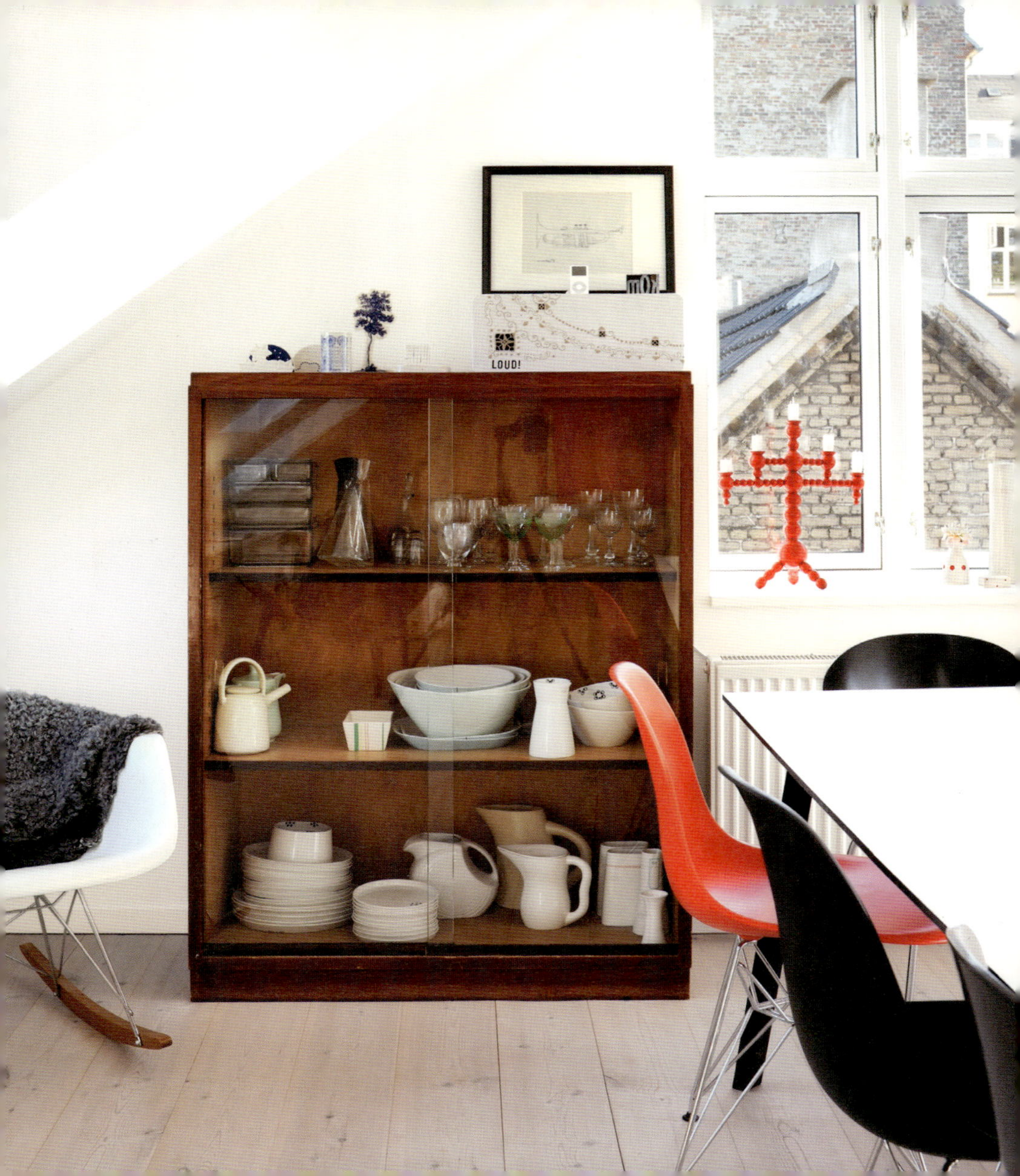
LOUD!

Anne Black &
Jesper Moseholm-Jørgensen
ceramic artist

セラミック・アーティストのアンヌさんと会社代表のイェスペルさん。家族がいつも一緒の空間にいられるように設計したオープン・キッチンには、食器や花器、ランプシェードなど「アンヌ・ブラック」アイテムがたくさん。手のぬくもりが伝わる繊細でモダンなデザインは、みんなが集まる明るい空間にぴったりです。

アジアの伝統工芸にインスパイアされた「ブラック・イズ・ブルー」シリーズ

49

調味料入れの下に敷いたボードは、ファッションデザイナーの
ミス・ドッティとのコラボ

スピーカーのカバーを替えて
キッチンの雰囲気にあうスタイルに

カップがずらり、コレクターのキッチン

Linda Karlsson SWEDEN

51

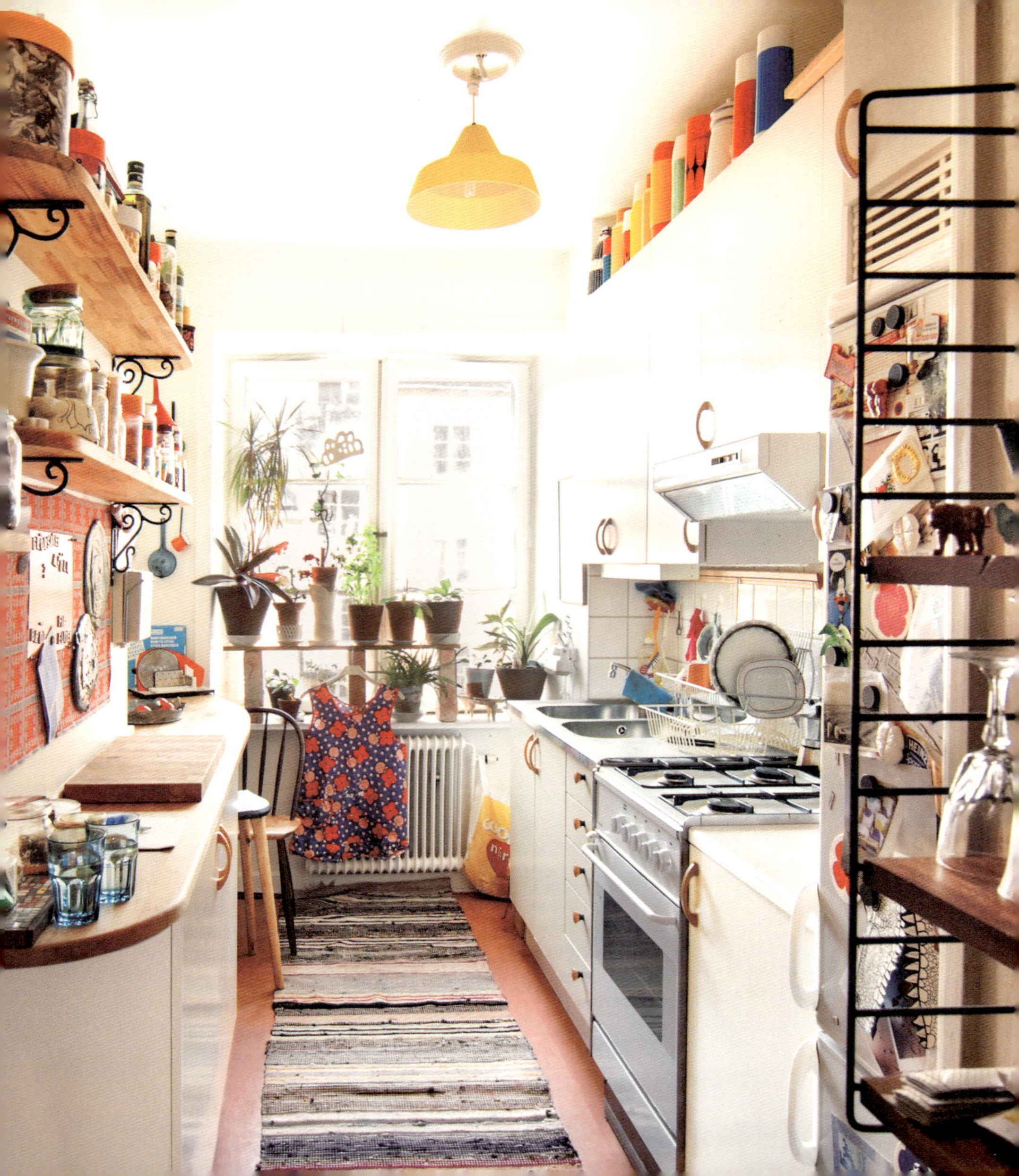

↙レトロなプラスチック水筒で、キッチンを楽しく

のみの市で見つけた古いツールをディスプレイ↙

↗テーブル・コーナーの壁面は
テキスタイルでアクセントをつけて

リンダさんの作品のオーナメントが風に揺れます↖

Linda Karlsson

ceramic artist

水玉に花柄、幾何学模様……さまざまなカップ・コレクションがお出迎えしてくれるセラミック・アーティストのリンダさんのキッチン。アンティーク好きのご両親の影響で、リンダさんもいまでは立派なコレクターに！レトロなデザインのテキスタイルやキッチンツールなどの掘り出し物で、デコレーションを楽しんでいます。

ニット・モチーフをパッチワークした
ポットマット

100個以上あるヴィンテージ・カップのための手作りラック

レトロな花柄プリントのチュニックをエプロンに

アートを感じる、クールなキッチン

Laura Väinölä & Pekka Toivonen

FINLAND

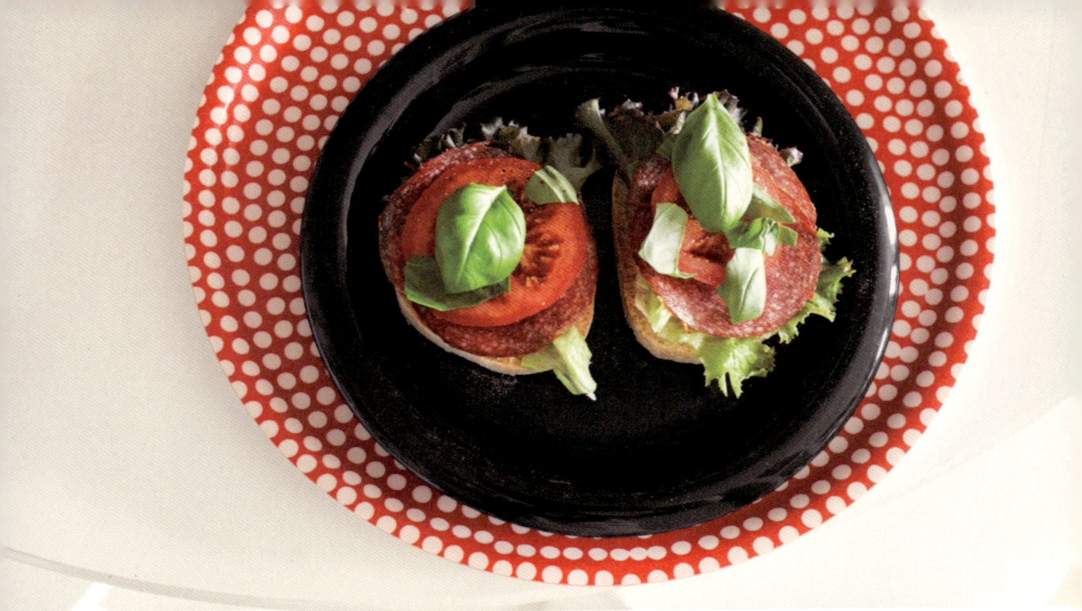

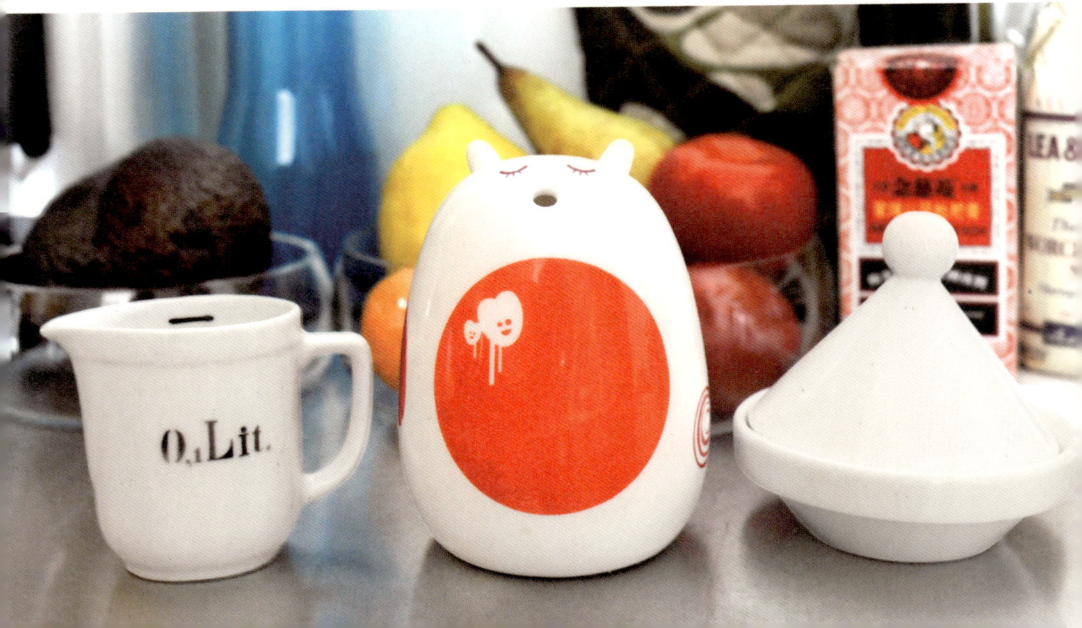
0,1 Lit.

マリメッコ社で働いていたおばあさまへ
アルミ・ラティアから贈られた大皿 ↙

ベッカさんの好きなミュージシャンのひとり ↖
デイヴ・ムステインが壁画のモチーフ

↓ 調理台の上でハーブを育てれば、すぐにお料理に使えます

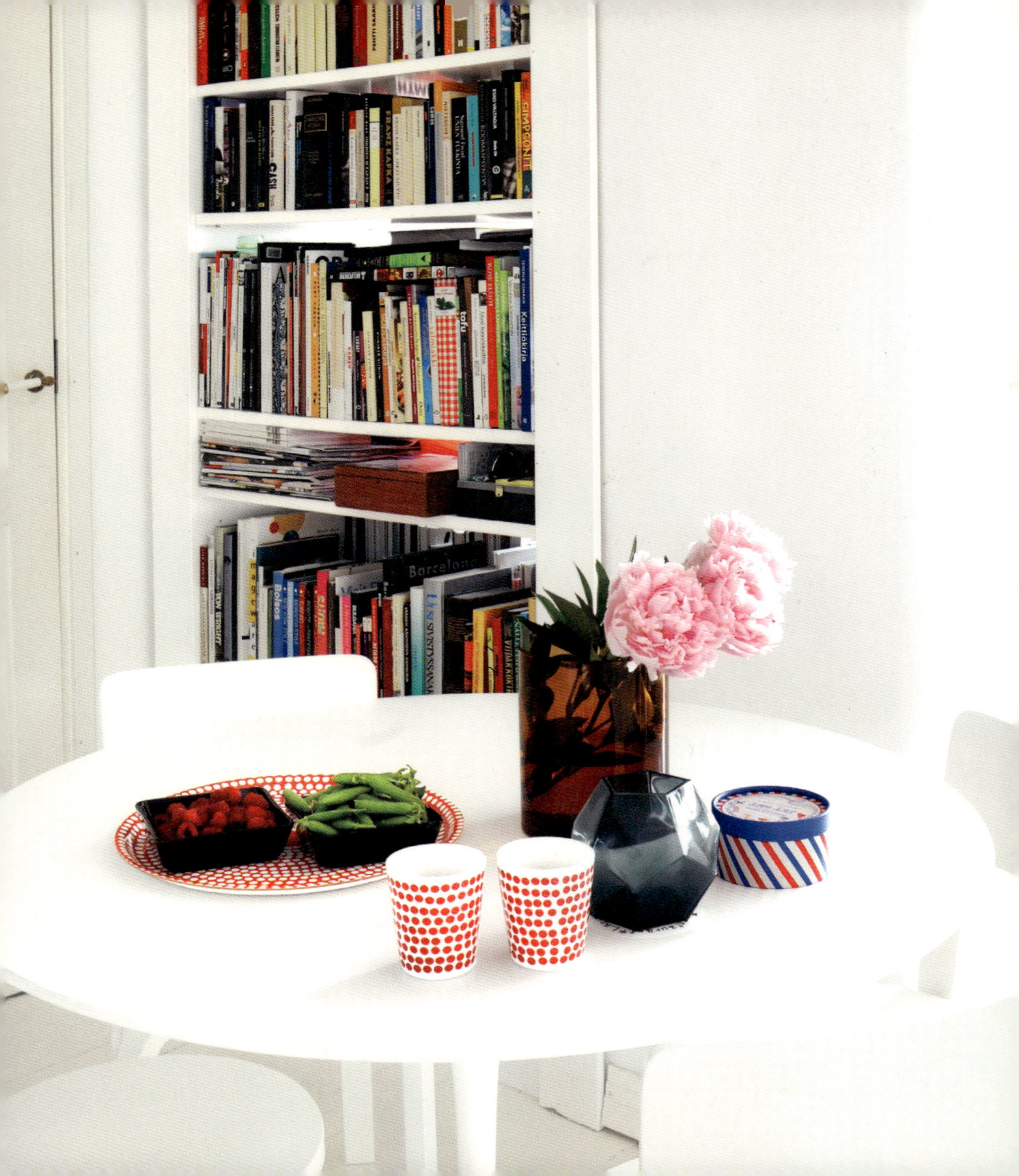
FRANZ KAFKA
Barcelona
tofu
Keittiökirja

Laura Väinölä & Pekka Toivonen
designer & art director

いつでもフレッシュな食材が手に入る、ハカニエミ・マーケット近くに暮らしているデザイナーのラウラさんとアートディレクターのペッカさん。自分たちでリフォームしたキッチンは、スタイリッシュな中にも遊びを取り入れて。イラストレーターのラミ・ニエミさんに描いてもらった壁画が、アートな雰囲気をかもしだします。

窓のないキッチンに
グロス・ホワイトで光を呼びこんで

このキッチンのためにあるようなトマト色のボウル

暖炉にくべる薪を置くスペースに
北欧らしさを感じます

ラウラさんがデザインしたスツール「PALLY」

個性的なデザインが集まるキッチン

Karin Södergren

SWEDEN

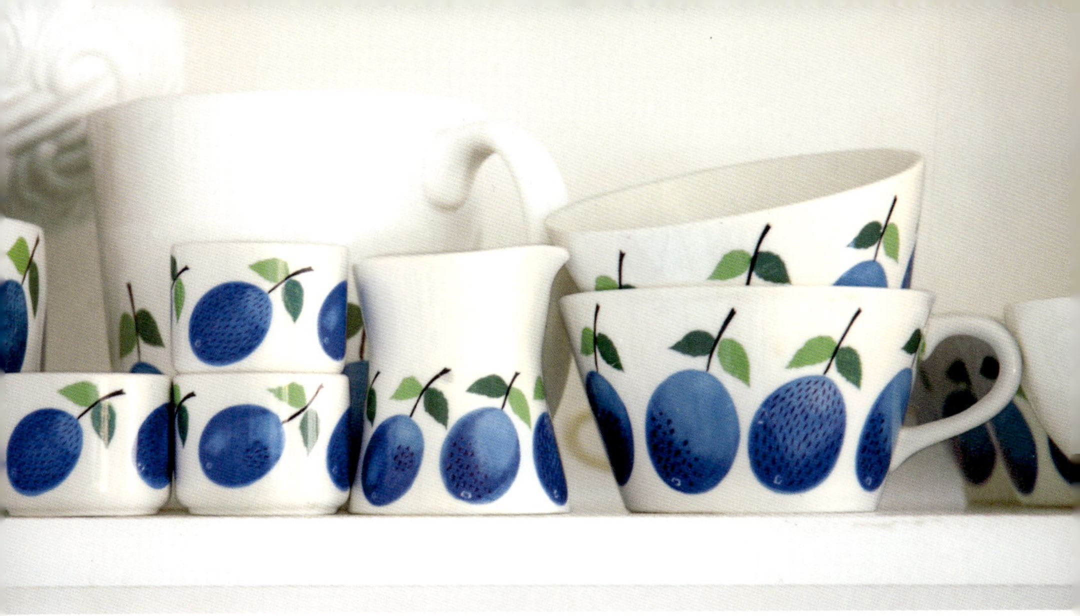
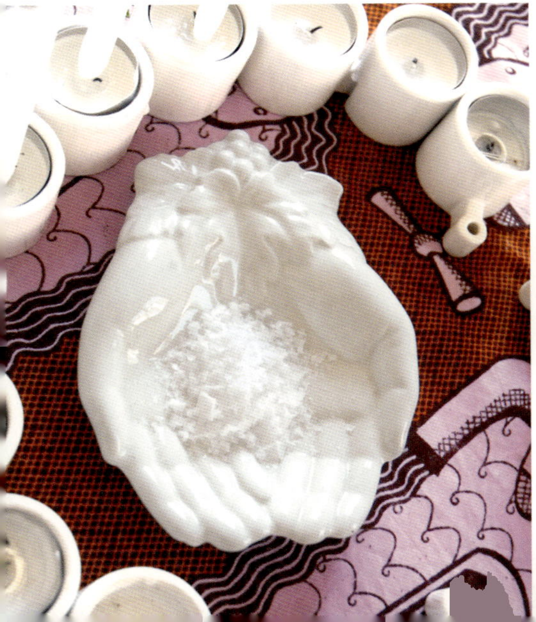
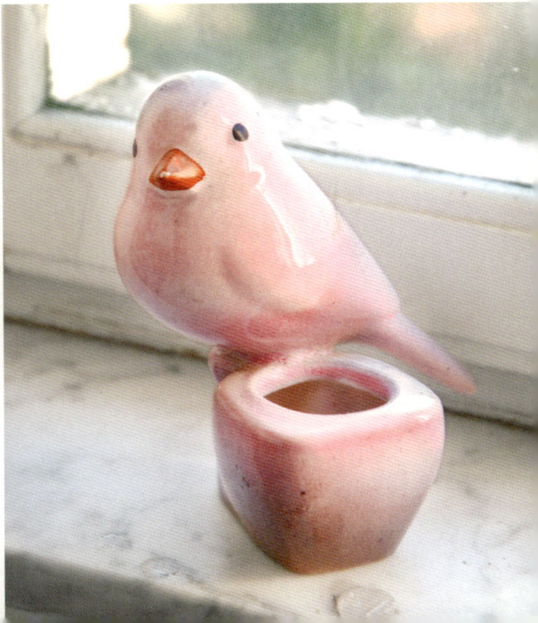

↓かわいい手編みスポンジは、インテリアとしても

↑ガラスのキャニスターで、すっきりと収納

アパルトマンの歴史を感じる、古いガスレンジ台↙

パリの映画館「ラ・パゴド」のカフェで使われていたカップ↙

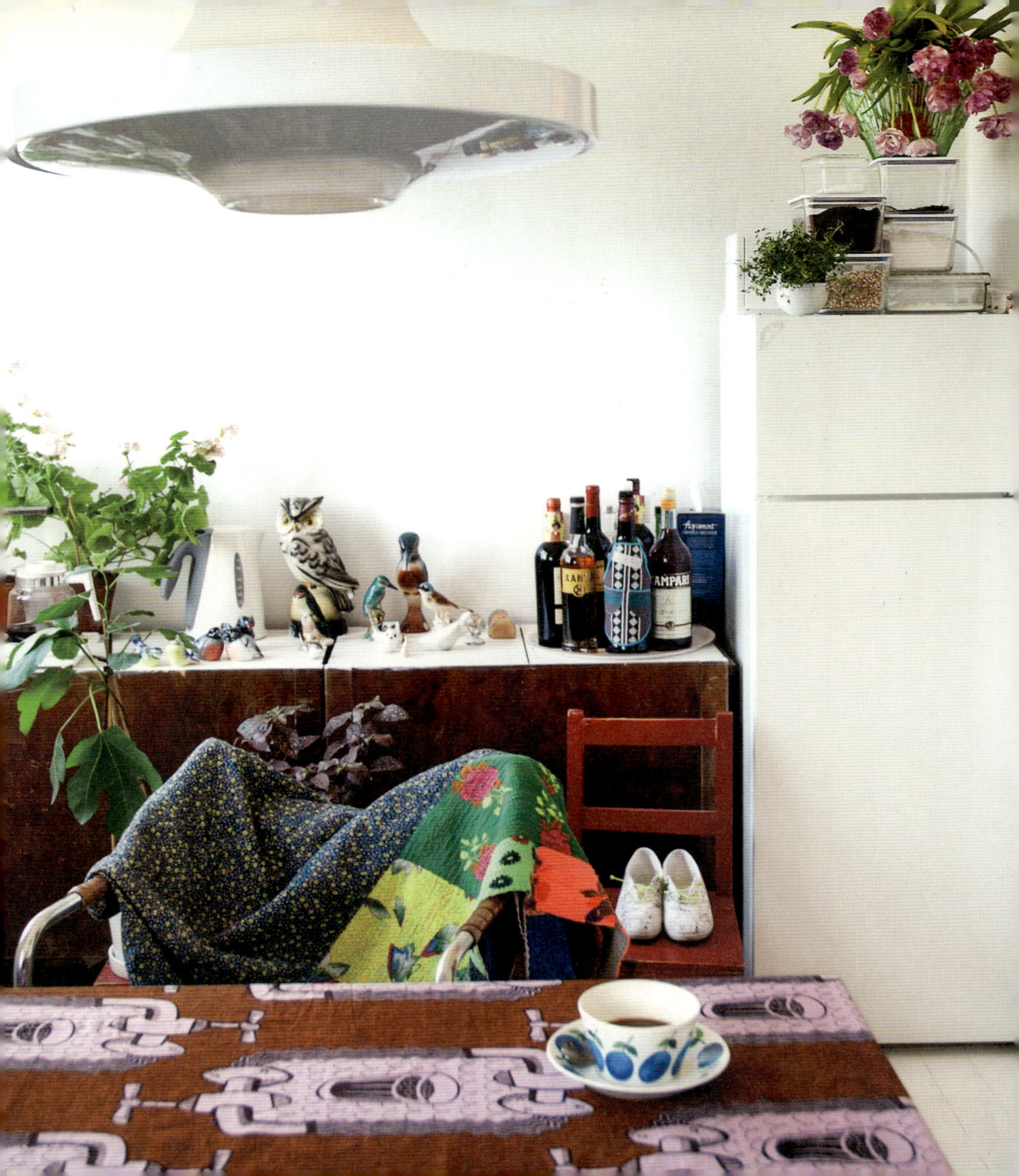

Karin Södergren

fashion designer

森が描かれたロールカーテンに、水道の蛇口柄のテーブルクロス、プルーン柄の食器たち。個性的なモチーフのコーディネートを楽しんでいる、ファッションデザイナーのカリンさんのキッチン。赤い牛がトレードマークのアーラ社の牛乳や堅焼きパンのクネッケなど、スウェーデンの食卓に欠かせない食べ物も見せてくれました。

ゾウ柄のトレイは、スウェーデンの
老舗インテリアブランド、スヴェンスク・テンのもの

スティグ・リンドベリがデザインした
プルーン柄のカップ&ソーサー

エプロンをつけたボトルがかわいい

68

古いものを大切に使い続けるキッチン

Katja Saarela & Erkki Mikkonen

FINLAND

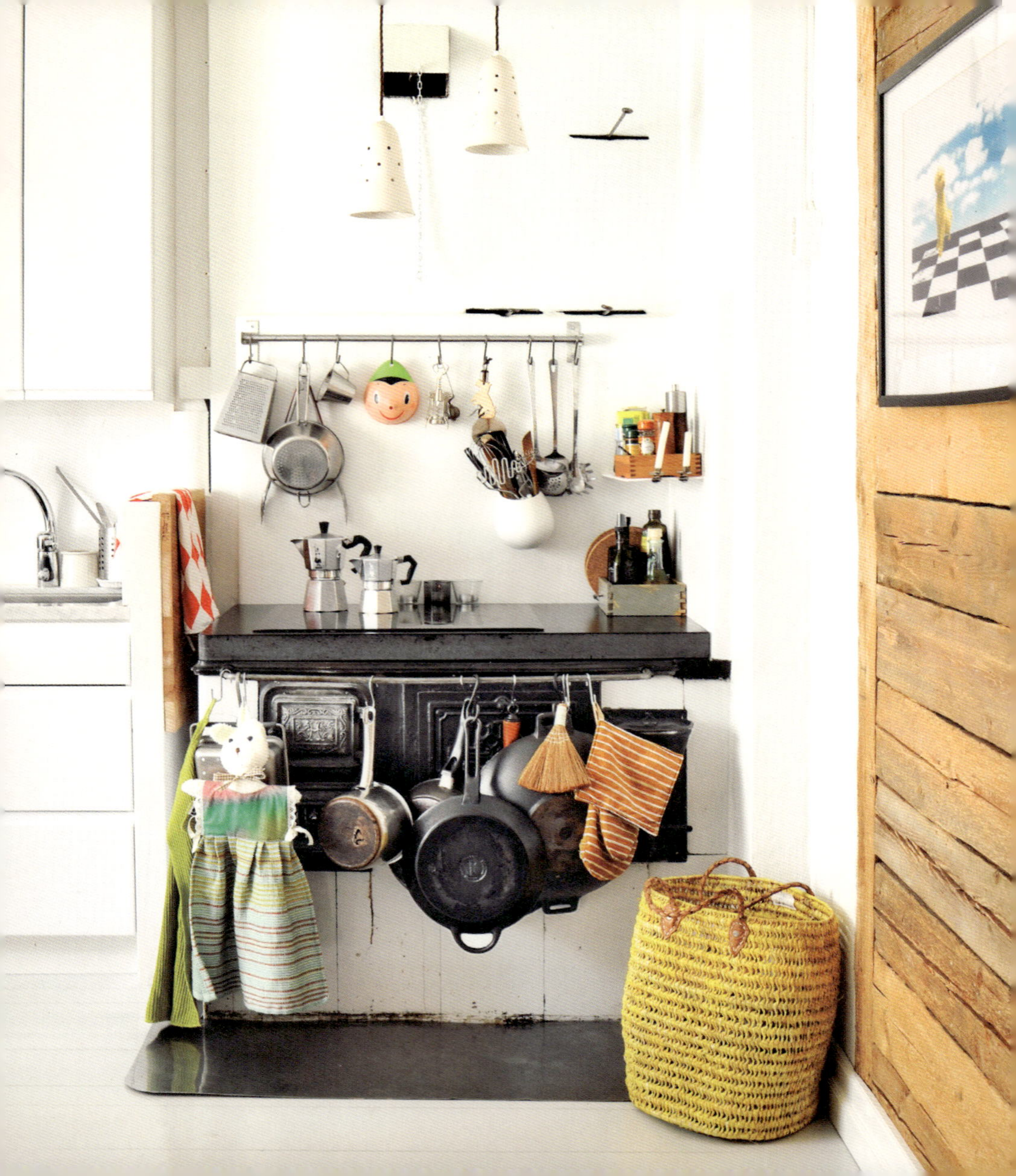

↑シンプルなキッチンツールの中に、ユーモアのあるデザインをミックス

妹さんが作ってくれた、陶器のうさぎが調理台の上に↙

↗イッタラ社のタンブラー「カルティオ」は
自然を感じさせる色を選んで

鍋ふたを少し開けて
ふきこぼれを防いでくれるアイテム

アラビア社の1940年代の
マイセマ・シリーズの食器コレクション

お茶の時間のテーブルは、ヴィンテージとモダン・デザインを
ミックス・コーディネートして

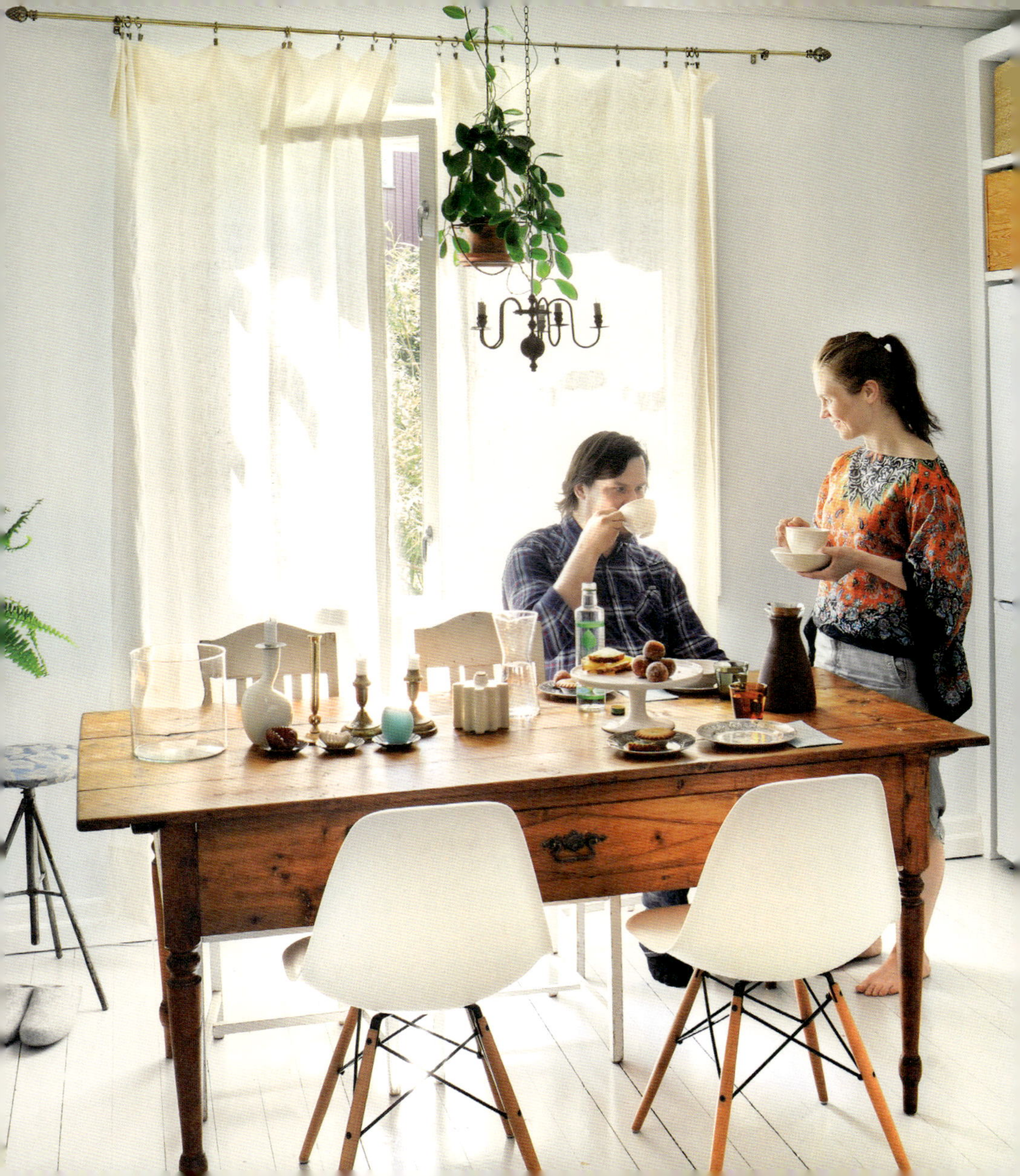

Katja Saarela & Erkki Mikkonen
art director & software engineer

カトヤさんとエルッキさんは、娘のヴェンラちゃんを迎えたばかりの3人家族。1921年築のこの家にただよう時代感が気に入っていて、キッチンでも古いものを大切にしています。たとえば当時のままのオーブンは、天板にIHコンロを取り付けて、いまでも使えるように。古いものと新しいもの、その組みあわせを楽しんでいます。

プリント皿に、シンプルなカップ＆ソーサーを重ねて

セラミックのペンダントライトは、高さの調節も自在

散らかりがちな調味料は、ウッドボックスに整理整とん

ジューシー・カラーが踊るキッチン

Maria Munkholm

DENMARK

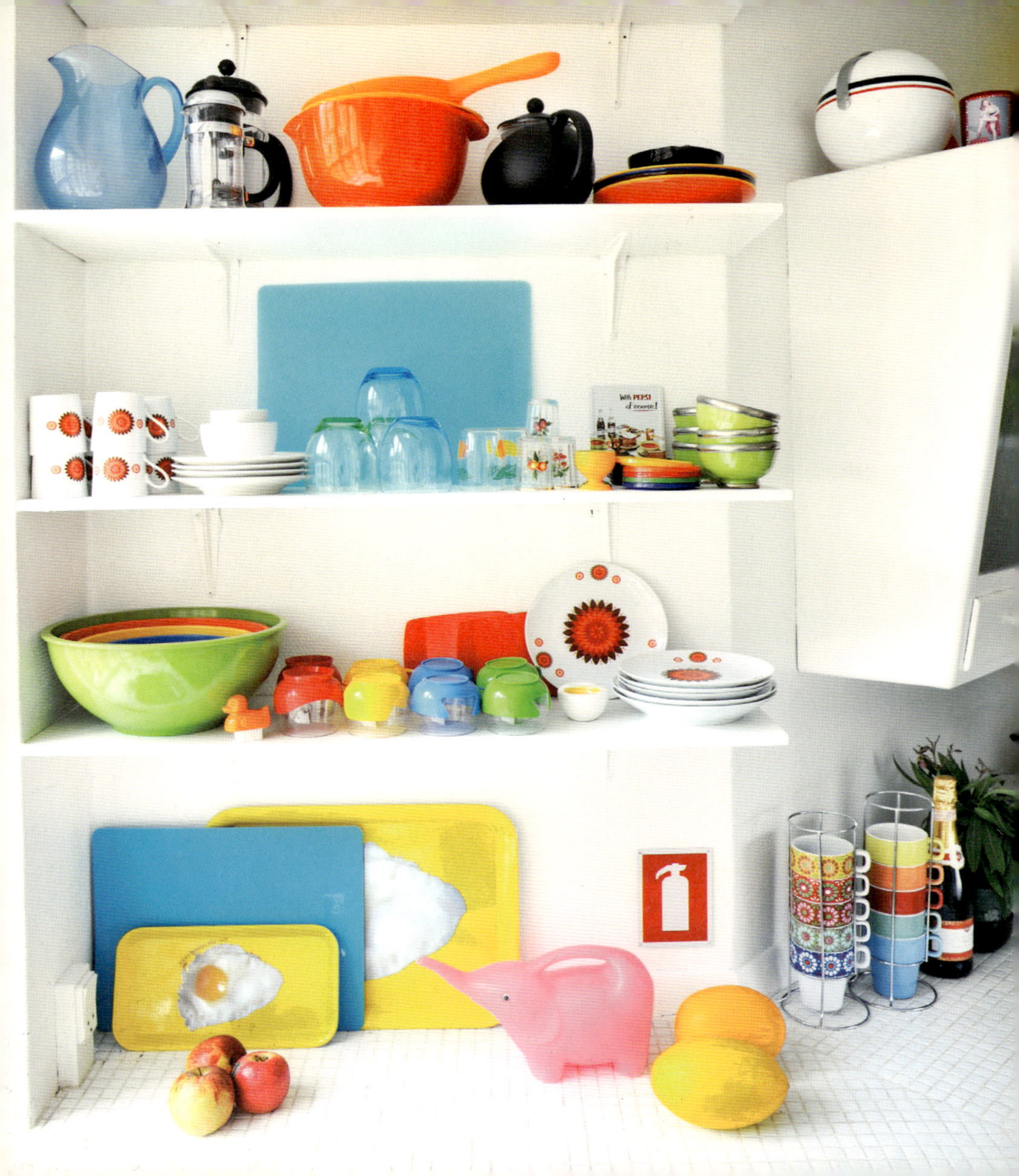
With PEPSI

78

キッチンの入り口には
↙カラフルなプラスチック・カーテンを

中華街で見つけたキッチュなデザインの
↙ランタンを窓辺に飾って

↑このまま持ち運びができる、マグカップ・セットは
　ピクニックのときに大活躍

↑冷蔵庫のドアに、50'sスタイルのマグネットをコレクション

マグカップは、セカンドハンドショップでの掘り出し物↙

旅先から持ち帰ったジュース缶にバラをいけて↖

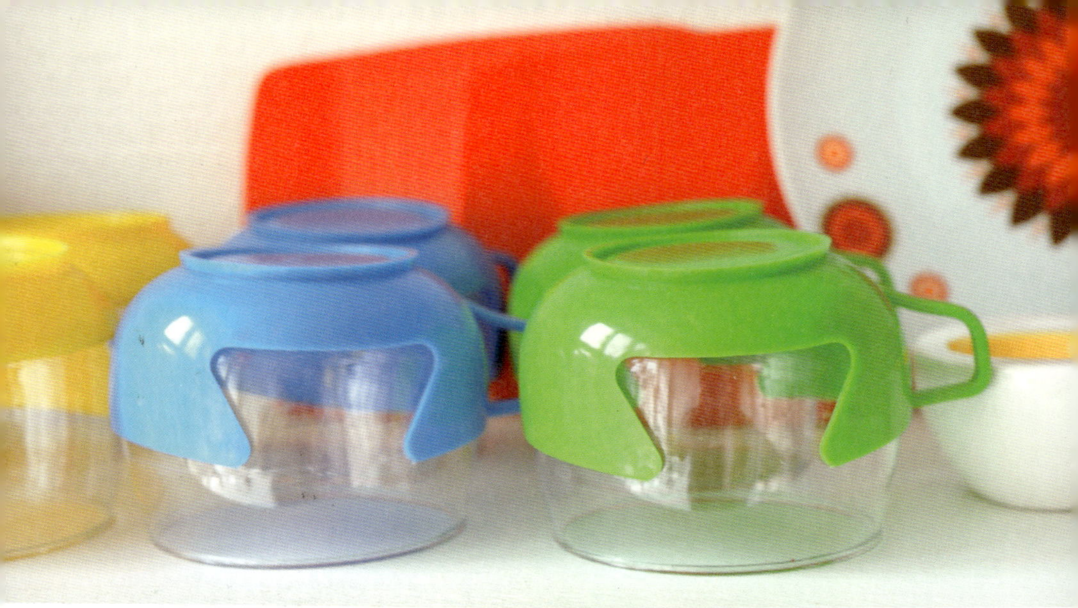

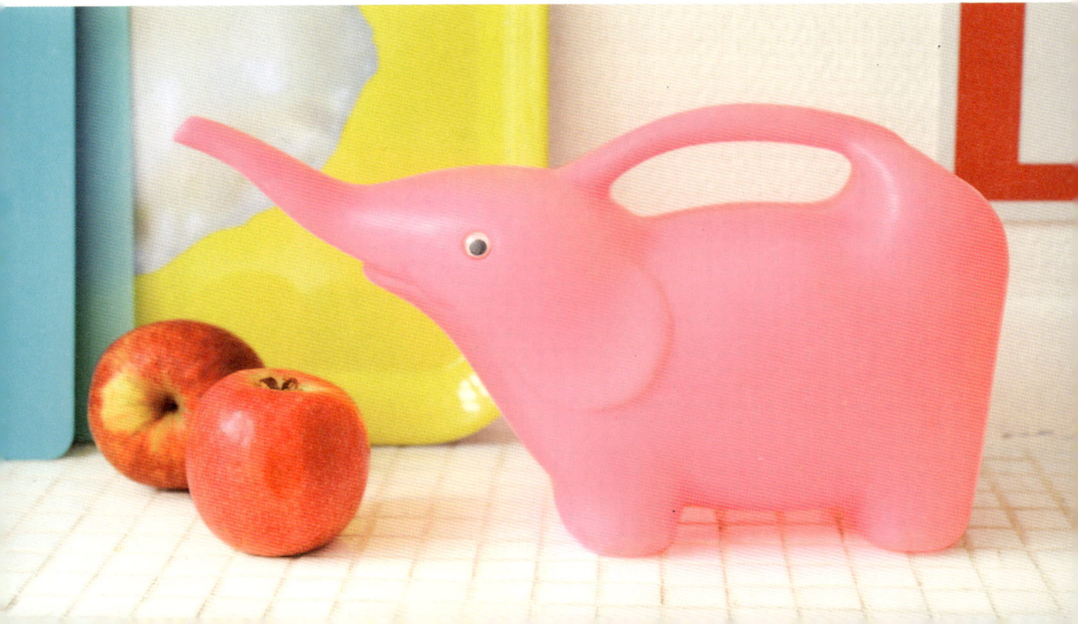

Maria Munkholm
production designer

カラフルな色が好きというマリアさんは、映画やテレビ番組の美術監督。キッチンにも黄色やオレンジ、ライムグリーンなど、フレッシュな色がはじけます。まっ白だったキッチンに、夏の気分を取り入れたくて、収納のドアをブライト・イエローにペイント。レトロでキッチュなデザイン雑貨たちにぴったりのカラーリングです。

カフェのようなメラミン天板のテーブルをキッチンに

オリーブの空き缶に、セカンドハンドショップで
見つけたマドラーを

マリアさんのキッチンに似あうカラフル・ボウル

84

プロ仕様のシンプル・キッチン

Vera Öller

FINLAND

大ぶりの花器やボトルを並べて
食器棚の上も収納スペースとして利用

お庭から採れたてのフレッシュなルバーブで
おやつのケーキを作ります

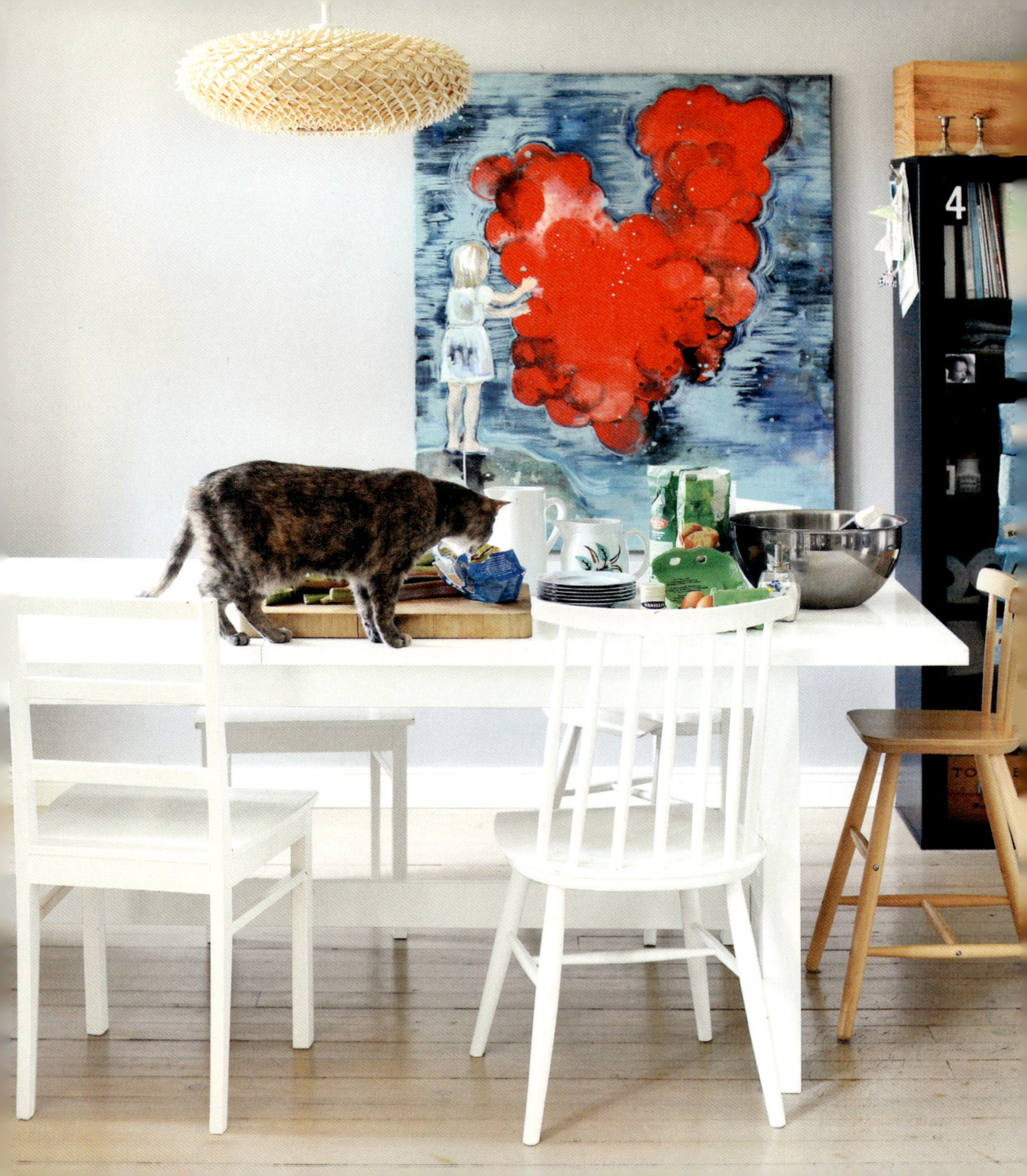
4

Vera Öller
interior designer

インダストリアルな雰囲気のキッチンは、インテリアデザイナーのヴェラさんが自分のためにデザインした空間。太陽の光に輝くプロ仕様の調理台は、レストランで働いていたこともある、料理好きなヴェラさんのセレクト。広々としたキッチンなので、娘のルミちゃんも一緒にお料理を手伝うのを楽しみにしています。

画家として活躍するお友だちの作品が
ダイニングコーナーに

シェフ帽子で、お手伝いも楽しく

1940年代にカイ・フランクがデザインしたカップ&ソーサー

ちいさなハンドメイドのあるキッチン

Katarina Evans

SWEDEN

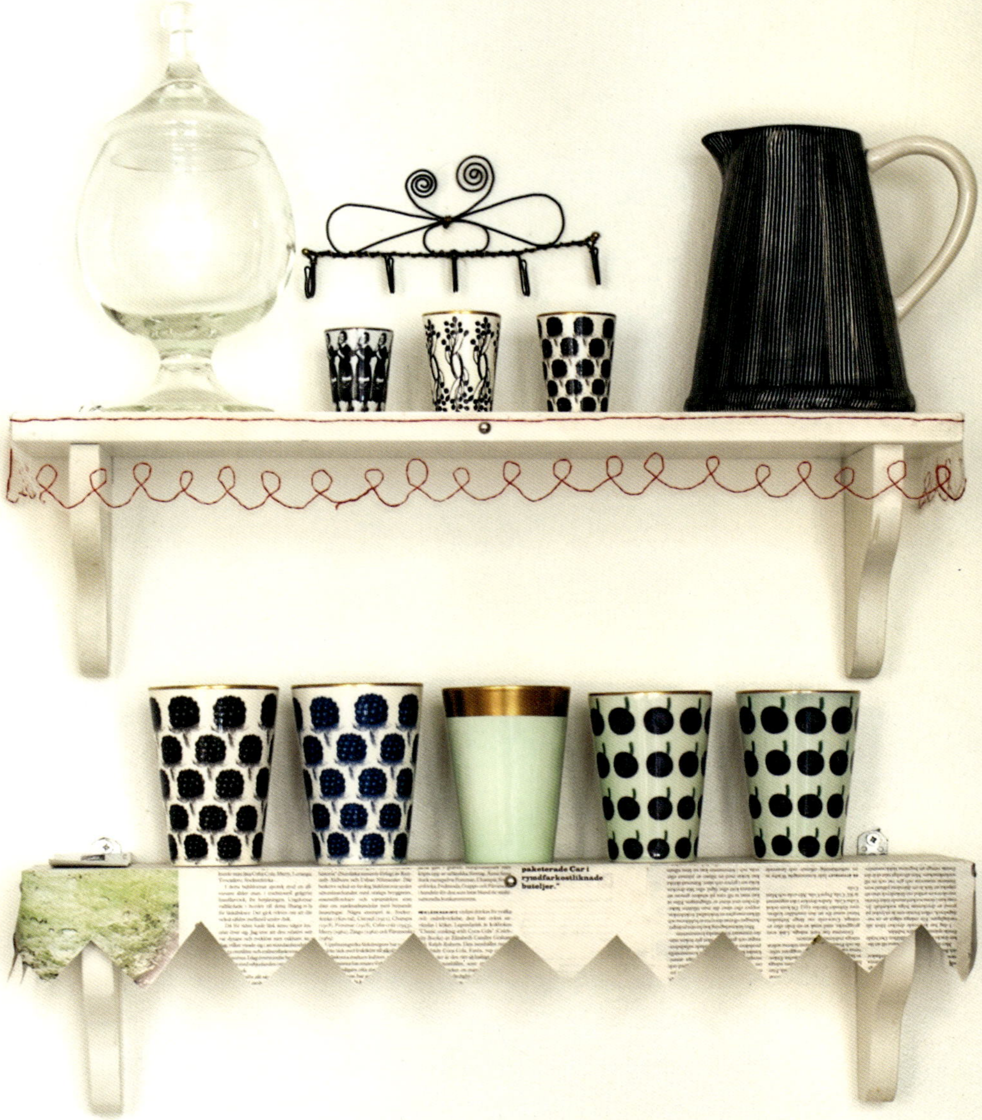
paketerade Car i
rymdfarkostliknade
buteljer."

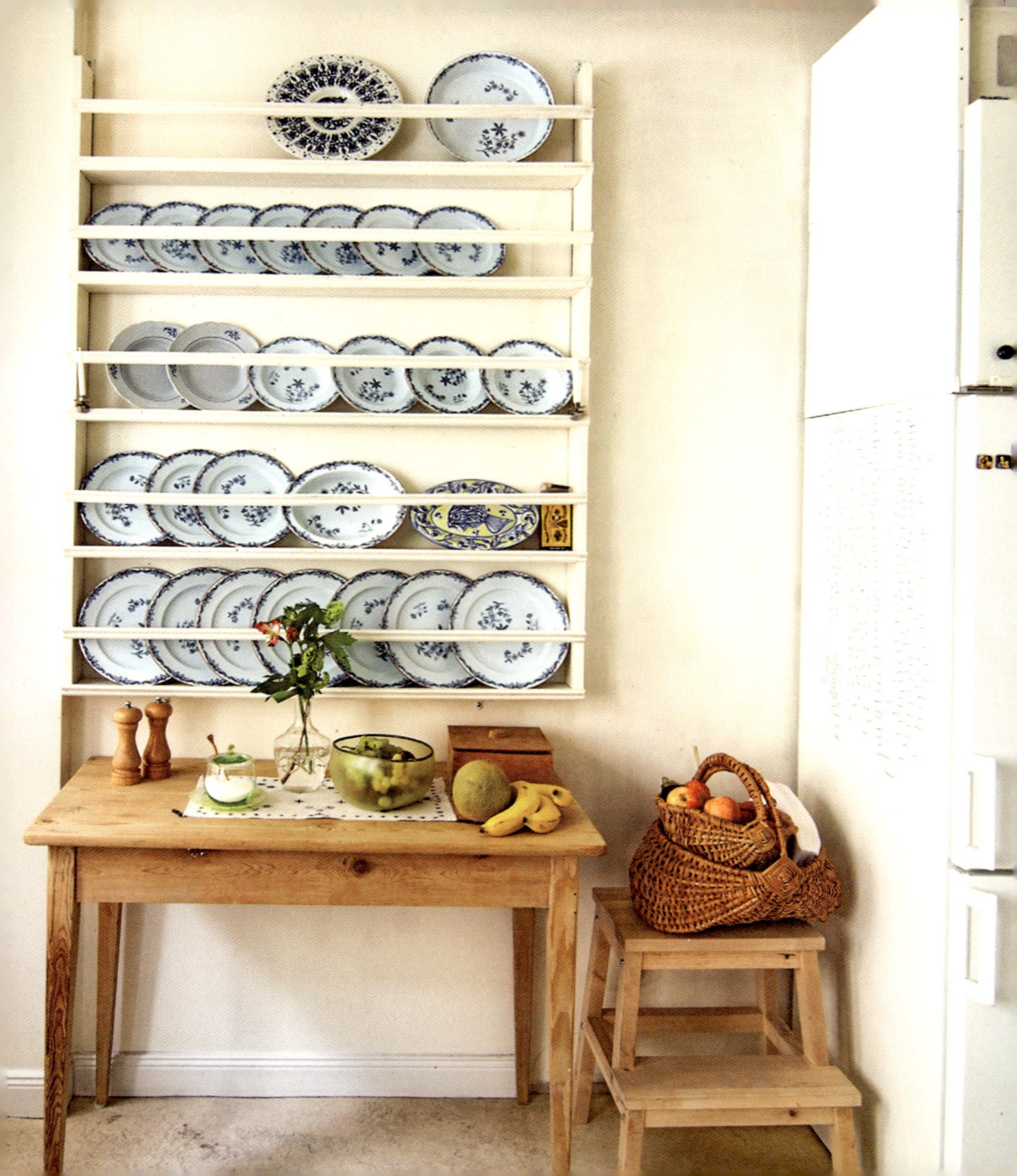

↙ チュールのふちを、赤い糸でかがって
棚板をデコレーション

↙ 緑色が美しいガラスのシュガーポット

↑ リング型で焼いたチョコレートケーキに、お好みのフルーツを添えて

Katarina Evans
textile designer, product designer

若草のような緑色の調理台が、フレッシュな印象のカタリナさんのキッチン。北欧でよく見られるプレートラックに並ぶ、クラシックなお皿たちも素敵です。テキスタイルデザイナーで、刺しゅうなど手づくりも得意なカタリナさんは、昔ながらの棚飾りや刺しゅう入りクロスなどハンドメイドのデコレーションを楽しんでいます。

ハンドペイントで名前が描かれた木の器は、結婚のお祝いの品

95

ゴールドのワイヤーでつづった詩の一節を、壁にディスプレイ

キッチンクロスに刺しゅうを入れて
自分だけのオリジナルに

積み木みたいな手づくりミニキッチン

Sofie Hannibal & Morten Køie

DENMARK

97

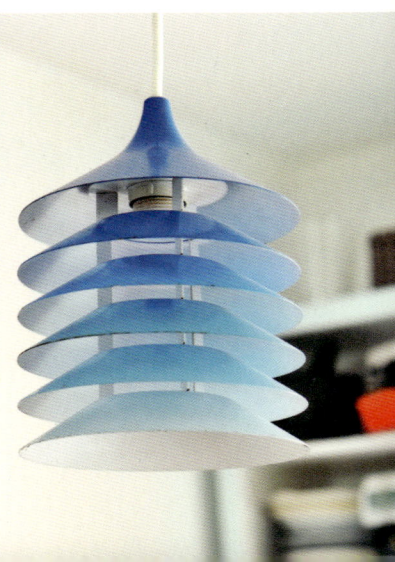

↙ おうち型のティーウォーマーは、おばあさまの手づくり

味わいのあるデザインの折りたたみ脚立 ↙

↗ 食器棚にフックをつけて、鍵やバッグの定位置に

ビョルン・ウィンブラッドの壁掛けプレートを鍋敷きに ↖

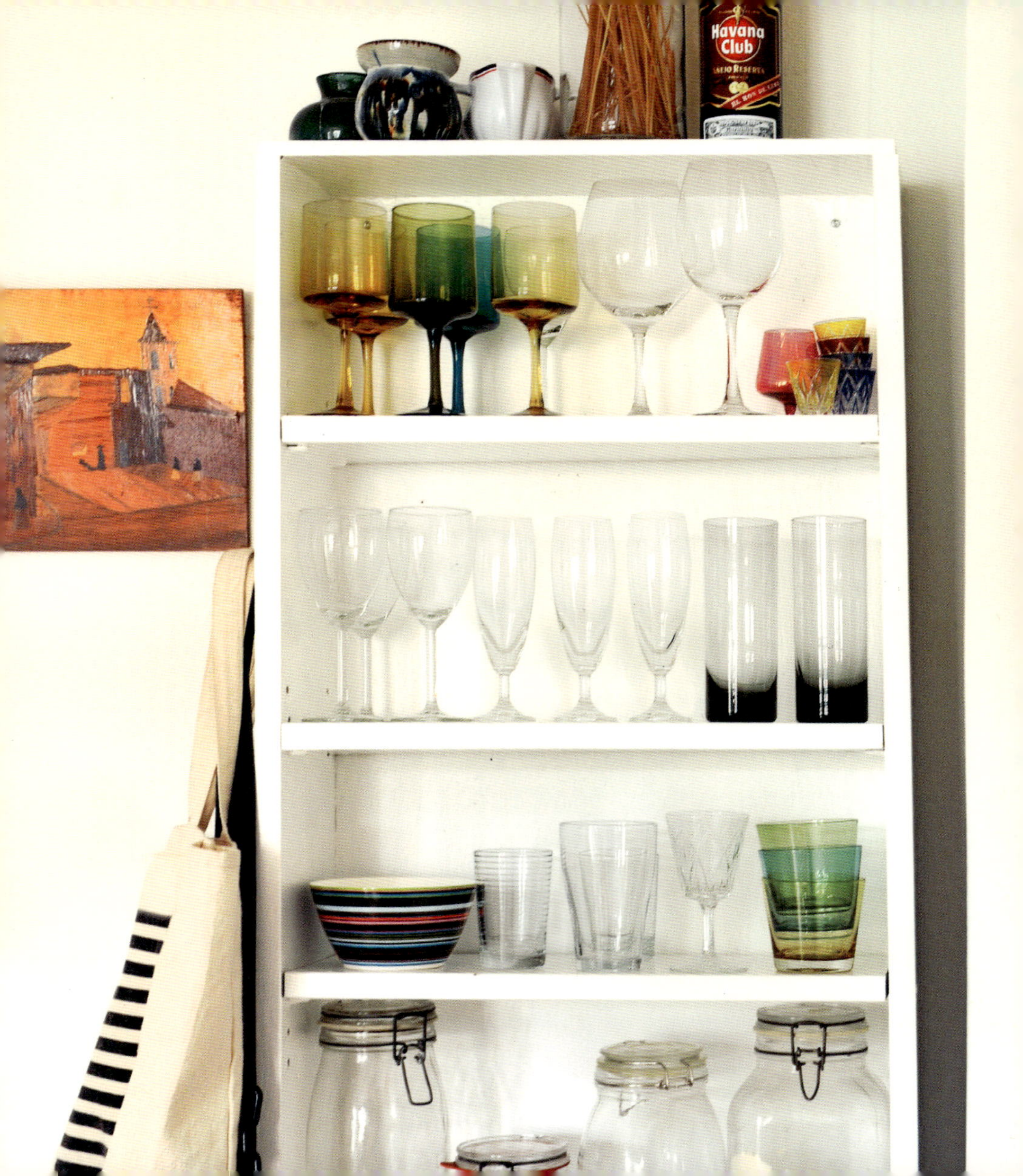
Havana Club

Sofie Hannibal & Morten Køie
graphic designer & musician

かわいらしい色使いのミニキッチンは、グラフィックデザイナーのソフィーさんとミュージシャンのモーテンさんが、自分たちで手作りした空間。「イケア」で選んだ家具をソフィーさんの好きな色でペイントして、使いやすい配置に組んでいきました。引き出しの取手など、小さなところもキュートにアレンジしています。

101

ポスターは、ソフィーさんとお友だちで
学生のころに手がけたデザイン

のみの市で見つけた、魚柄のプレート

カラーガラスのワイングラスは、おばあさまからの贈り物

マリンカラーのさわやかキッチン

Anne Nowak & Martin Daugaard

DENMARK

102

fineste
Kaffesorter
SUPERFIN
KAFFE
SLAGELSE
KAFFERISTERI
SLAGELSE
KAFFERISTERI
Chr. Poulsen

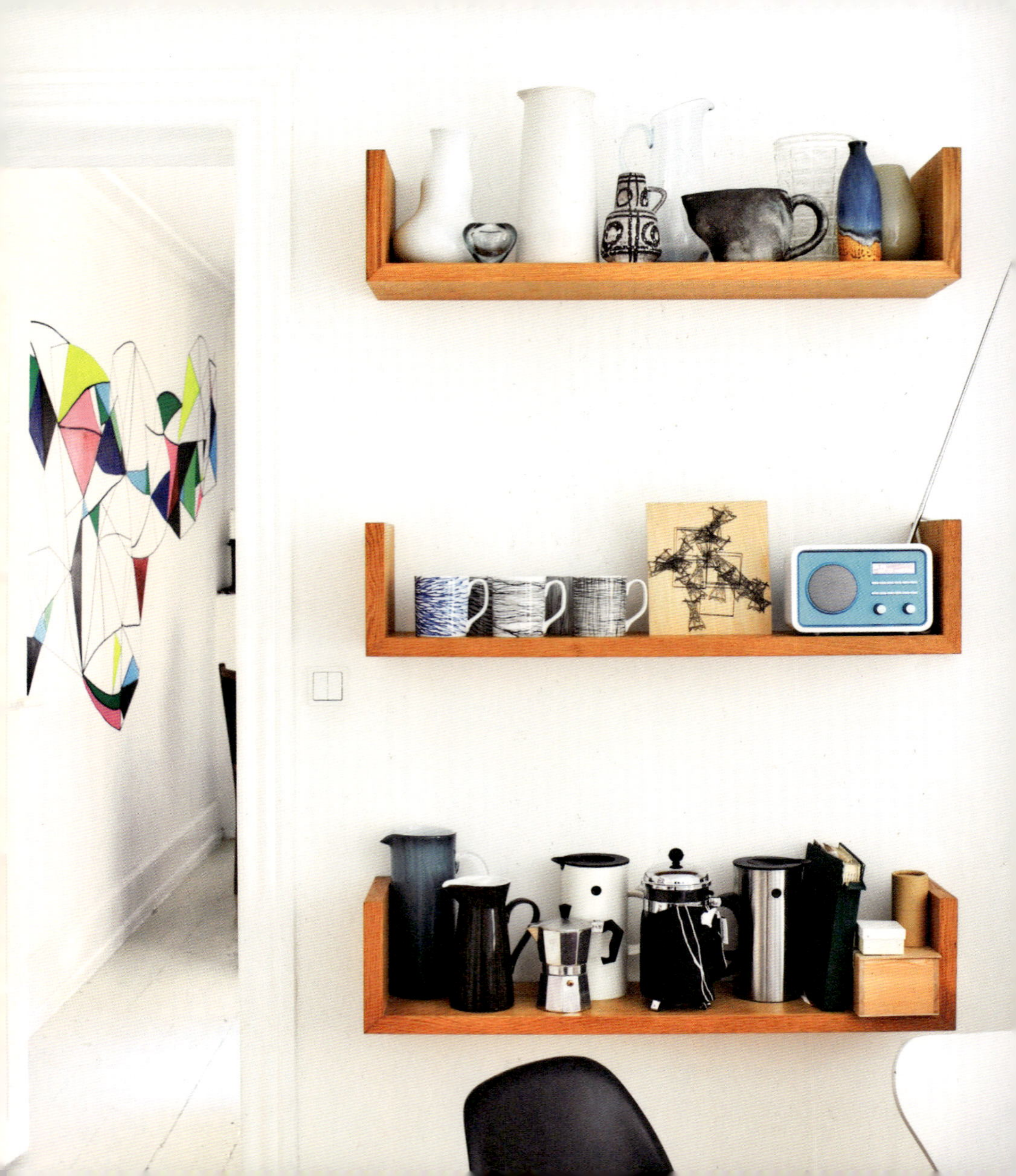

↘素敵なプランターを使った、ミニ・キッチンガーデン

白い空間を、ネイビーカラーのタイルが引き締めます↙

↑アンヌさんがデザインした
テキスタイルで作ったピンナップボード

ガラスや陶器、磁器のピッチャーを↑
バランスよくディスプレイ

Anne Nowak & Martin Daugaard
textile designer & cook

さわやかで清潔感があって、使いやすそうなキッチンは、テキスタイルデザイナーのアンヌさんと、シェフのマーティンさんカップルが、天井から床まですべて自分たちでリフォームした空間。アンヌさんのお父さまが経営していたお店に飾っていたコーヒー豆の看板にあわせて、ネイビーカラーをアクセントにしています。

アンヌさんがセラミック用ペンでハンドペイントしたマグカップ

マグネットバーには、マーティンさんのプロ仕様のナイフがずらり

ロイヤル・コペンハーゲン社の陶磁器は
このキッチンの色使いにぴったり

北欧セラミックの魅力が詰まったキッチン

Anna-Ella Ahnlund & Åsa-Karin Karlén

SWEDEN

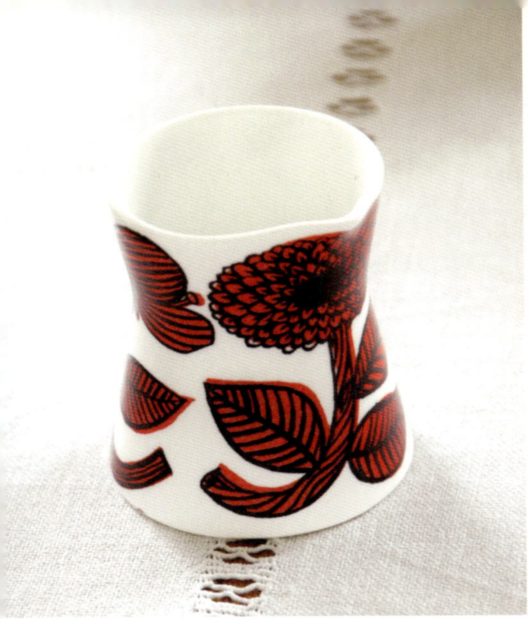
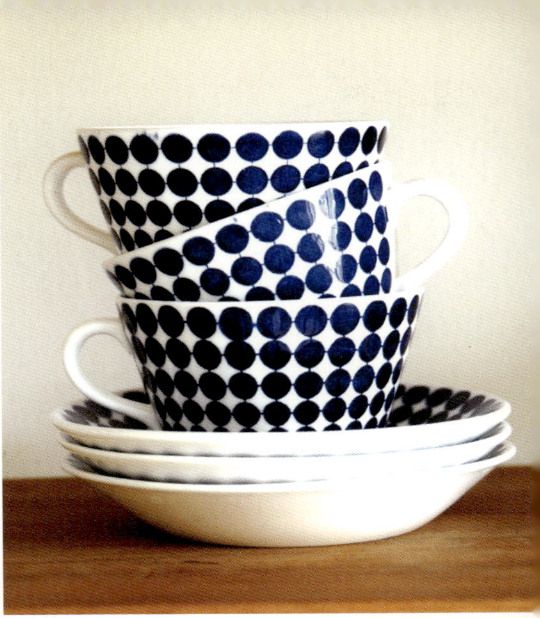
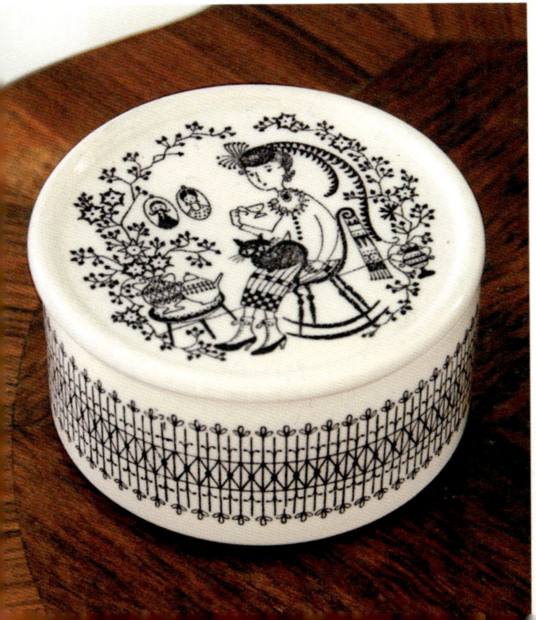
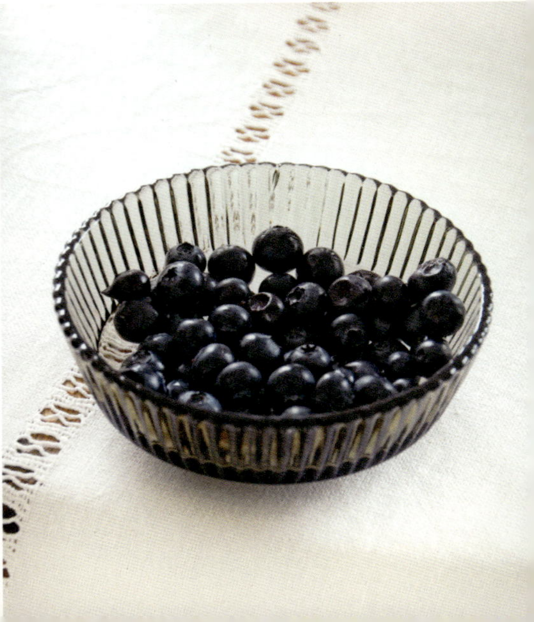

↑北欧の夏を感じる、ブラックカラントとブルーベリーのケーキ

スティグ・リンドベリがデザインした
「アダム」のミルク入れ↙

陶磁器と白木を素材にしたスツールは、ふたりのデザイン↖

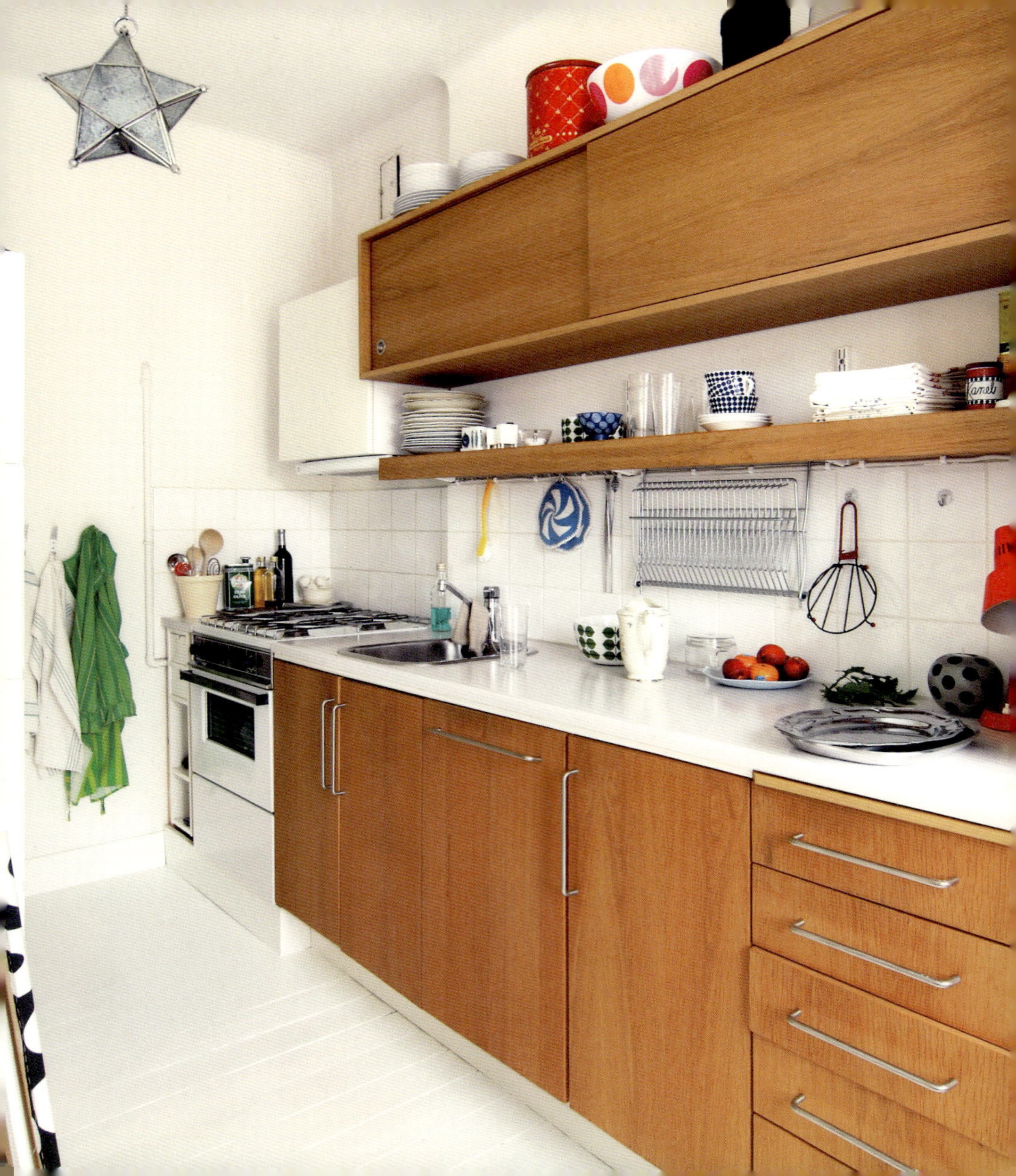
Kanel

Anna-Ella Ahnlud & Åsa-Karin Karlén
designers

デザインユニット「アーンルンド＝カーレン」として活躍する、アンナ＝エラさんとオーサ＝カリンさん。今日は、アンナ＝エラさんのアパルトマンで、お茶を楽しみながらデザイン会議。スウェーデンの伝統的な陶磁器にインスピレーションを得た作品を発表しているふたり。キッチンにも魅力的な食器がたくさんありました。

ロールストランド社やグスタフスベリ社の
古い陶器デザインをモチーフにしたウォールステッカー

あざやかな赤にペイントしたイスが、いいアクセントに

二重窓のあいだに飾った貝がらは、夏の海の思い出

スーパー・モダンな空飛ぶキッチン

Stine & Niels Holscher

DENMARK

115

↑ガラス張りの床を歩けば、飛んでいるような気分に！

子どもたちのためにもオーガニックの食材を選ぶようにしているスティンさん↘

調理台の下には、よく使う食器を収納↖

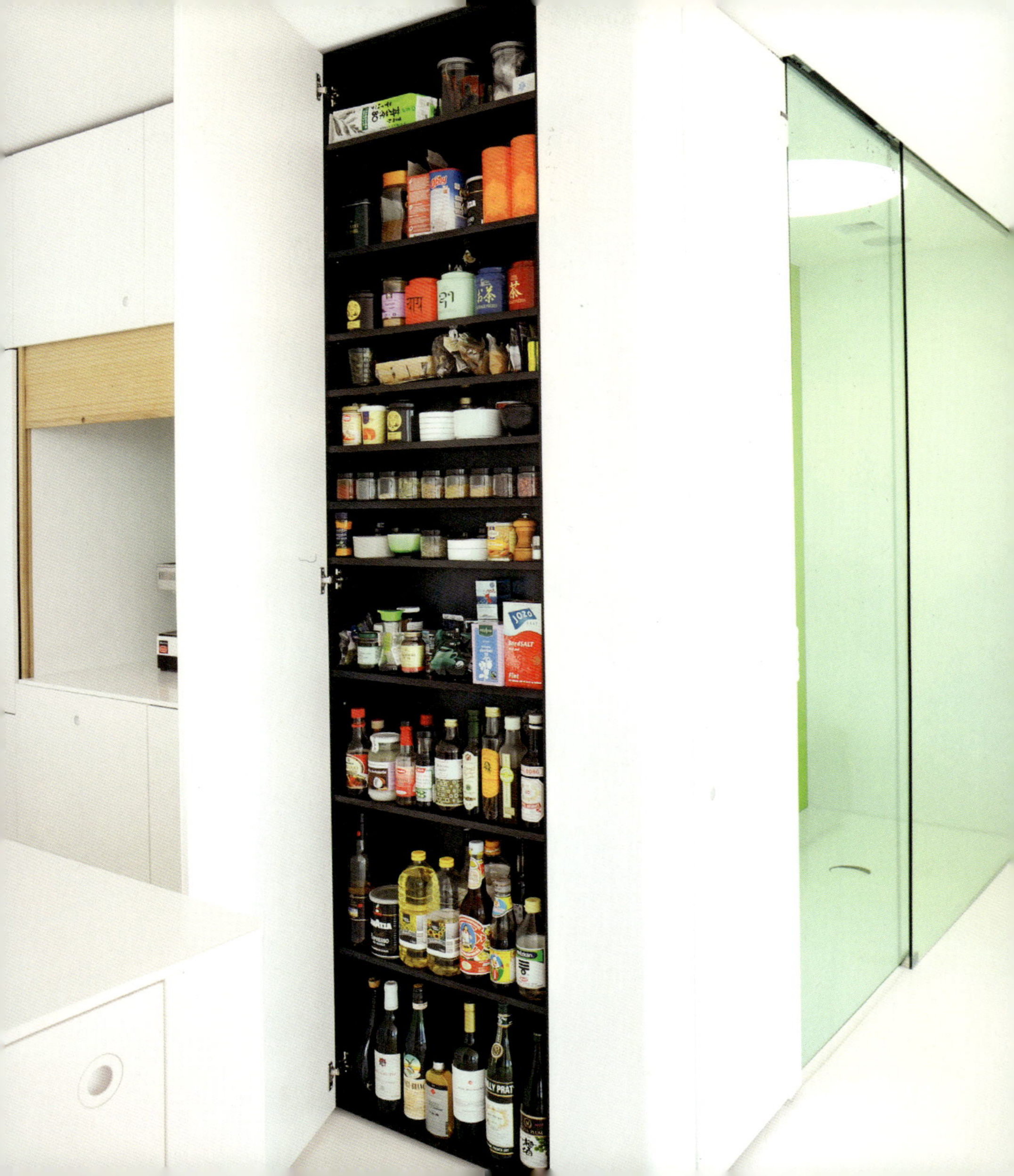
JOZO
Fint

Stine & Niels Holscher

architects

建築カップルのスティンさんとニールスさんが設計した「フライング・キッチン」は、開放感あふれる場所。風景をインテリアの一部として楽しむべく、室内のデザインはシンプルに。収納もすべて調理台や壁面に一体化させて、フラットに仕上げました。まるで宇宙船のような不思議な空間ですが、機能性にも優れています。

デンマーク産オーク材を使った
スライディング・ドア

スパイス類は、お揃いのボトルに詰め替えて

119

さまざまな種類の雑穀をブレンドして、オリジナルのパンづくり

アイデアあふれるレトロ・キッチン

Aija Rouhiainen & Väne Väisänen　　　FINLAND

121

お父さまの経営していたお店で使われていた
コーヒーミルは、ヴァネさんの宝物↙

フリーマーケットで見つけた
↙カップ＆ソーサー

壁面の柄は、50年代のテキスタイルを見本に↗
アイヤさんがハンドペイントしたもの

123

Aija Rouhiainen & Väne Väisänen
designer & director of photography

リサイクルやリメイクが好きで「新しいものはほとんどないの」という、デザイナーのアイヤさんと写真ディレクターのヴァネさんのおうち。いちばんの驚きは、アイヤさんが100時間以上かけてハンドペイントした壁面。家具や雑貨、調理器具まで、古いアイテムを美しく見せながら、素敵に使っているキッチンです。

125

食料品屋さんで使われていたショーケースを
ディスプレイコーナーに

スピーカーのカバーリングも、キッチンにあわせて衣替え

レトロなカトラリー水切りは、フリーマーケットで

ホームメイドのベリー・シロップを使った
甘酸っぱいジュース

The editorial team

édition PAUMES
Photographs : Hisashi Tokuyoshi
Design : Kei Yamazaki, Megumi Mori
Illustrations : Kei Yamazaki
Text : Coco Tashima
Coordination : Anna Varakas, Charlotte Sunden-Barbotin, Pauline Ricard-André, Yong Andersson
Editorial advisor : Fumie Shimoji
Editor : Coco Tashima
Sales Manager : Rie Sakai
Sales Manager in Japan : Tomoko Osada
Art direction : Hisashi Tokuyoshi

Contact : info@paumes.com   www.paumes.com

Impression : Makoto Printing System
Distribution : Shufunotomosha

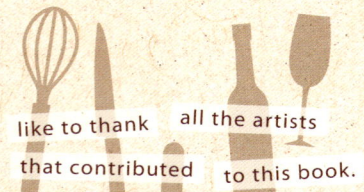

We would like to thank all the artists that contributed to this book.

édition PAUMES ジュウ・ドゥ・ポウム

ジュウ・ドゥ・ポウムは、フランスをはじめ海外のアーティストたちの日本での活動をプロデュースするエージェントとしてスタートしました。
魅力的なアーティストたちのことを、より広く知ってもらいたいという思いから、クリエーションシリーズ、ガイドシリーズといった数多くの書籍を手がけています。近著には「北欧の子ども部屋デコ・アイデアブック」「パリの子ども部屋デコ・アイデアブック」などがあります。ジュウ・ドゥ・ポウムの詳しい情報は、www.paumes.comをご覧ください。

また、アーティストの作品に直接触れてもらうスペースとして生まれた「ギャラリー・ドゥー・ディマンシュ」は、インテリア雑貨や絵本、アクセサリーなど、アーティストの作品をセレクトしたギャラリーショップ。ギャラリースペースで行われる展示会も、さまざまなアーティストとの出会いの場として好評です。ショップの情報は、www.2dimanche.comをご覧ください。

Nordic Kitchens
北欧のキッチン・アルバム

2013 年　3 月 31 日　初版第　1 刷発行

著者：ジュウ・ドゥ・ポゥム

発行人：德吉 久、下地 文恵
発行所：有限会社ジュウ・ドゥ・ポゥム
　　　　〒 150-0001　東京都渋谷区神宮前 3-5-6
　　　　編集部 TEL / 03-5413-5541
　　　　www.paumes.com

発売元：株式会社 主婦の友社
　　　　〒 101-8911　東京都千代田区神田駿河台 2-9
　　　　販売部 TEL / 03-5280-7551

印刷製本：マコト印刷株式会社

Photos © Hisashi Tokuyoshi
© édition PAUMES 2013 Printed in Japan
ISBN978-4-07-288120-0

Ⓡ＜日本複写権センター委託出版物＞
本書(誌)を無断で複写複製(電子化を含む)することは、著作権法上の例外を除き、禁じられています。本書(誌)をコピーされる場合は、事前に日本複写権センター(JRRC)の許諾を受けてください。
また本書を代行業者等の第三者に依頼してスキャンやデジタル化することは、たとえ個人や家庭内での利用であっても、一切認められておりません。
日本複写権センター(JRRC)
http://www.jrrc.or.jp　eメール：info@jrrc.or.jp　電話：03-3401-2382

＊乱丁本、落丁本はおとりかえします。お買い求めの書店か、
　主婦の友社 販売部 03-5280-7551 にご連絡下さい。
＊記事内容に関する場合はジュウ・ドゥ・ポゥム 03-5413-5541 まで。
＊主婦の友社発売の書籍・ムックのご注文はお近くの書店か、
　コールセンター 049-259-1236 まで。主婦の友社ホームページ
　http://www.shufunotomo.co.jp/ からもお申込できます。

ジュウ・ドゥ・ポウムのクリエーションシリーズ
www.paumes.com

『北欧の子ども部屋デコ・アイデアブック』も好評発売中！

著者：ジュウ・ドゥ・ポウム
ISBN コード：978-4-07-286485-2
判型：A5変形・本文128ページ・
　　　オールカラー
本体価格：1,800円（税別）

北欧の暮らしぶり、
もっとたくさん見てみませんか？

Stockholm Kitchens
ストックホルムのキッチン

手作りの焼きたてパンの香りただよう
スウェーデンのやさしいキッチン

著者：ジュウ・ドゥ・ポウム
ISBN コード：978-407-249900-9
判型：A5・本文128ページ・
　　　オールカラー
本体価格：1,800円（税別）

Stockholm Apartments
北欧ストックホルムのアパルトマン

スウェーデンで活躍する27人のアーティスト
気持ちのいい暮らしとインテリア

著者：ジュウ・ドゥ・ポウム
ISBN コード：978-407-254002-2
判型：A5・本文128ページ・
　　　オールカラー
本体価格：1,800円（税別）

Finland Apartments
フィンランドのアパルトマン

家族や友だちと過ごす愛情あふれる空間
フィンランドの心地よい住まいのヒミツ

著者：ジュウ・ドゥ・ポウム
ISBN コード：978-407-279901-7
判型：A5・本文128ページ・
　　　オールカラー
本体価格：1,800円（税別）

Copenhagen Apartments
北欧コペンハーゲンのアパルトマン

モダン・デザインとユニークな感性とが
とけあうアーティストたちの家20軒

著者：ジュウ・ドゥ・ポウム
ISBN コード：978-407-269794-8
判型：A5・本文128ページ・
　　　オールカラー
本体価格：1,800円（税別）

ご注文はお近くの書店、または主婦の友社コールセンター(049-259-1236)まで。
主婦の友社ホームページ(http://www.shufunotomo.co.jp/)からもお申込できます。